大家小书
青春版

儿童中国史

张荫麟 袁震 著

蒙木 编订

北京出版集团
北京出版社

图书在版编目（CIP）数据

儿童中国史 / 张荫麟，袁震著 ；蒙木编订 . — 北京：北京出版社，2021. 8

（大家小书：青春版）

ISBN 978-7-200-15665-2

Ⅰ. ①儿… Ⅱ. ①张… ②袁… ③蒙… Ⅲ. ①中国历史—青少年读物 Ⅳ. ① K209

中国版本图书馆 CIP 数据核字（2020）第 115804 号

总 策 划：安 东 高立志   责任编辑：王铁英 罗晓荷
责任印制：陈冬梅   装帧设计：吉 辰

· 大家小书青春版 ·

儿童中国史
ERTONG ZHONGGUOSHI

张荫麟 袁 震 著 蒙 木 编订

出　　版　北京出版集团
　　　　　北 京 出 版 社
地　　址　北京北三环中路 6 号
邮　　编　100120
网　　址　www.bph.com.cn
总 发 行　北京出版集团
印　　刷　北京华联印刷有限公司
经　　销　新华书店
开　　本　880 毫米 ×1230 毫米　1/32
印　　张　7.5
字　　数　100 千字
版　　次　2021 年 8 月第 1 版
印　　次　2021 年 8 月第 1 次印刷
书　　号　ISBN 978-7-200-15665-2
定　　价　39.90 元

如有印装质量问题，由本社负责调换
质量监督电话　010-58572393

总　序

袁行霈

"大家小书"，是一个很俏皮的名称。此所谓"大家"，包括两方面的含义：一、书的作者是大家；二、书是写给大家看的，是大家的读物。所谓"小书"者，只是就其篇幅而言，篇幅显得小一些罢了。若论学术性则不但不轻，有些倒是相当重。其实，篇幅大小也是相对的，一部书十万字，在今天的印刷条件下，似乎算小书，若在老子、孔子的时代，又何尝就小呢？

编辑这套丛书，有一个用意就是节省读者的时间，让读者在较短的时间内获得较多的知识。在信息爆炸的时代，人们要学的东西太多了。补习，遂成为经常的需要。如果不善于补习，东抓一把，西抓一把，今天补这，明天补那，效果未必很好。如果把读书当成吃补药，还会失去读书时应有的那份从容和快乐。这套丛书每本的篇幅都小，读者即使细细地阅读慢慢地体味，也花不了多少时间，可以充分享受读书的乐趣。如果把它们当成补药来吃也行，剂量小，吃起来方便，消化起来也容易。

我们还有一个用意，就是想做一点文化积累的工作。把那些经过时间考验的、读者认同的著作，搜集到一起印刷出版，使之不至于泯没。有些书曾经畅销一时，但现在已经不容易得到；有些书当时或许没有引起很多人注意，但时间证明它们价值不菲。这两类书都需要挖掘出来，让它们重现光芒。科技类的图书偏重实用，一过时就不会有太多读者了，除了研究科技史的人还要用到之外。人文科学则不然，有许多书是常读常新的。然而，这套丛书也不都是旧书的重版，我们也想请一些著名的学者新写一些学术性和普及性兼备的小书，以满足读者日益增长的需求。

"大家小书"的开本不大，读者可以揣进衣兜里，随时随地掏出来读上几页。在路边等人的时候，在排队买戏票的时候，在车上、在公园里，都可以读。这样的读者多了，会为社会增添一些文化的色彩和学习的气氛，岂不是一件好事吗？

"大家小书"出版在即，出版社同志命我撰序说明原委。既然这套丛书标示书之小，序言当然也应以短小为宜。该说的都说了，就此搁笔吧。

片羽千钧
——"大家小书青春版"序

顾德希

片羽千钧，这是十年前我看到"大家小书"系列时的感觉。

一片羽毛，极轻，可内力深厚者却能让它变得异常沉实，甚至有千钧之重。这并非什么特异功能。俗话说得好，小小秤砣压千斤。轻与重的辩证关系，往往正是这样。

这个系列丛书统称"小书"，很有意味。这些书确乎不属于构建出什么严格体系的鸿篇巨制，有的还近乎通俗读物，读起来省劲，多数读者不难看懂。比如费孝通《乡土中国》被选进语文教材，鲜有同学反映过艰深难啃。又如鲁迅的《呐喊》《彷徨》，若让同学们复述一下里面的故事，从来都不算什么难事。不过，若深入追问其中的蕴意，又往往异见颇多，启人深思。这大概恰是"大家小书"的妙处：容易入门，却不会一览无余；禁得起反复读，每读又常有新的发现。作者若非厚积薄发，断不能举重若轻至此。

"大家小书"在出版二百种之际，筹谋推出"青春版"，我觉得很合时宜，是大好事。有志的青年读者，如果想读点有分量的书，那么"大家小书青春版"便提供了极好的选择。这套系列丛书"通识"性强，有文学也有非文学，内容包罗万象，但出自大家笔下，数十百年依然站得住。这样的"通识"读物，很有助于青年读者打好自己的文化底色。底色好，才更能绘出精彩的人生画卷。

　　所谓"通识"，是相对于"专识"而言的。重视系统性很强的专业知识，固然不错，但"通识"不足，势必视野狭窄。人们常说，站得高，才能看得远。而视野开阔，不是无形中就使站位高了许多吗？要读一点鲁迅，也要好好读读老舍，还应当多了解点竺可桢、茅以升的学问，否则吃亏的会是自己。王国维《人间词话》里把"望尽天涯路"视为期于大成者所必经的境界，把看得远与站得高结合了起来。

　　打好文化底色，不能一蹴而就，非假以时日不可。而底色不足，往往无形中会给自己的交往设下诸多限制。孔子说"不学诗，无以言"，指不好好读《诗经》就很难承担诸侯之间的外交使命，在某些场合就不会说话了。文化上的提高亦如是。多读点各方面大家的通俗作品，就如同经常聆听他们娓娓道来。久而久之，自己的文化素养便会提高到相当层次，自己的文化品味也会发生变化。读"大家小书青春版"也有类似之处。如果想寻求刺激、噱头，那就可以不读这些"小书"。但如果志存高远，就不妨让这些"小书"伴你终生。

读这些"小书"，忌匆忙。胡乱涂抹是打不好底色的。要培养静心阅读的习惯。静下心读一篇，读几段，想一想，若感到有所获，就试着复述一下。若无所获，不妨放下，改日再读。须知大家厚积薄发之作，必多耐人寻味之处，倘未识得，那是机缘未到。据说近百年前，清华大学成立国学研究院，曹云祥校长请梁启超推荐导师。梁推荐陈寅恪。曹校长问陈先生有什么大著，梁说没有，但梁接着说，我梁某算是著作等身了，但总共著作还不如陈先生寥寥数百字有价值。这个真实的故事，耐人琢磨之处甚多，而对我们怎样读"大家小书青春版"也极有启示。大家笔下的二三百字，往往具有极高价值。但有极高价值的二三百字，却又往往是有人看不出，有人看得出。

相对于鸿篇巨制，这个系列的"小书"，也许是片羽。就每一本"小书"而言，其中的二三百字，更不过是片羽。愿今日有志气的青年读者，不断发现那弥足珍贵的片羽，为自己的人生画卷涂上足够厚重的底色！

2020年10月21日

目 录

高小历史教科书初稿征评

自从我开始在本刊发表《中国史纲》的初稿后，颇有一些关心的读者，经由本刊来函问成书之期。我当时曾分别答复，预定今年暑假前成书。现在要借这机会向这些读者报告：我的计划又来改变了（并非出于自动），先在这一学年内编一高小历史教科书，而把《史纲》的完成退后一年（或更退后一年而先成初中本国史）。现高小教本已大致完成，将陆续在本刊发表，征求批评。

这本小书，虽然预备作课本用，但我并不以通常写课本之方法写之，希望它能成为一般儿童的读物，故原名《儿童中国史》。

张荫麟

原拟目次

禹贡九州山川之图

（一）

我们打开本国的地图一看，黄河在潼关左近转了一个直角之后，一会儿斜向东北，到渤海岸的当中入海。是从古就这样的吗？不！现在黄河下游的水道乃是公历纪元一八五五年迁徙了以后的水道。在这次迁徙之前，它是夺淮河入海的。时间更往上推，它的移动可更多了。

下游善于改道，这是黄河的一大特色。

为什么黄河会有这种特色呢？

原来黄河自龙门以下，从高原折入低谷，水势是很紧的；自洛阳以下，它就在一个大平原上安流，水势越来越缓，它在上游所挟带的泥土就

大禹像　出自《三才图会》

大量地沉淀下去，渐渐把河道填充。填充到了相当的程度，河身便会溢出两岸，甚则改道他适。当远古的时候，堤防和疏浚的技术还没有发明，黄河出岸或改道的事，一定比近代频得多。

和黄河搏斗，乃是我们祖先的一大事业。我们的历史传说，就以黄河的一场大水灾开始。我们的第一个民族英雄便是曾经征服黄河的大禹。

那场大水灾，按传统的估计，大约是在公元前第某某世纪内开始的。那时候的"中国"，还没有完全包括现今河北、河南、山东、山西四省，就在这四省之内，给无数未开化的蛮夷部落围绕着。所以在那时候，黄河下游一出了大岔子，就是"洪水横流，泛滥于中国"了。

（二）

传说第一个遭遇这场水灾的君主是尧。尧对洪水始终没有办法，到老，就把位传给舜。原来在此时的中国，君主世袭的制度还没有成立，君主的势力也不很大。君主之下有"四岳"，就是四个大头领。

他们对于继位的君主是有推荐之权的。他们推荐了种庄稼出身的舜，尧试派他去办事，果然称职，便传位给他。这就是后来所谓"禅让"的事。

舜即位不久，就派禹去治水。禹父鲧在尧时是曾以治水失败被诛死的。但禹不独没有因此仇恨朝廷，并且一心去给先父补过。据说鲧治水的方法，是专去筑堤挡水，结果劳而无功。禹改变方法，在黄河的下游，凿通了许多支流，把它的水势分散，它才退出以前所侵占的陆地。这样水患就平了。

为了治水，禹亲自拿着耒臿，冒犯风雨，工作了八年。在这期内，他有三次走过自己的家门，也没有进去。据说有一次他还听见自己的孩子呱呱地哭呢。

舜老了，就把君位传给禹。禹立了这么大的功，辛苦了这么久，在别人看来，此时很可以享享福了。可是他不。虽然做了君主，还是食很粗劣的东西，却备办着很丰盛的牺牲去祭祀；还是住很卑陋的宫室，却极力替人民开凿沟洫，以利灌溉。

（三）

禹到了晚年，照例选了一位候补的继任者，名叫益；临死，就传位给他。可是这时禹的儿启已养成很大的势力，他也要做君主。不知道是因为禹的功德太大，人民对他的儿子特别表同情呢；抑或是因为益的才德确不如启呢，人民都拥戴启，而不拥戴益。益和启争位，失败被杀了。

后来启索性传位给自己的儿子，不再"禅让"，于是确立了君主世袭的制度。从此开始了我国第一个一姓相传的朝代。这朝代虽然以禹为始祖，实在是启所创造的。这朝代，后人称为夏朝，大约因为启的"发祥"地是夏（夏地在今山西汾水下游，其正确位置不可知）。从夏朝以后，中国人，别于四境的蛮夷，曾被称也自称为"诸夏"。"诸"是言其支派之多。

夏朝继续了约四百七十年，给一个以今河北渤海岸为根据地的商民族推翻了。代兴的新朝，以亳（今河南商丘）为国都，这朝代就名为商。

二 孔子

（一）

在泰山以南，靠近津浦路，有一个著闻世界的胜地，叫作曲阜。每年无数国内外人士从老远来到这里，为的是瞻仰孔林。

这孔林是一丛苍劲参天的柏树和桧树，中间点缀着古旧的牌坊和楼台，穿透着一湾清浅的流水。林内藏着一个古墓，碑上篆刻着"大成至圣文宣王墓"。这墓是受着二千五百多年的珍重护惜，因为墓中人是受着二千五百多年来中国人的崇拜。

你道这墓中人是一个怎样的人物？假如你早生半个世纪左右，你开始上学的第一件事便是给他的像叩头，上了学一两年便得背诵他的言行的

孔子像　　出自《圣贤像赞三卷》

记录（其中最重要的一种叫作《论语》），往后还得背诵他所编订过的几种教本。这些言行录和教本都是所谓"经典"。那时，你若要做一个学者，一生的主要工作便是研究前人对于这些经典的注解；你若参加国家的考试，所出的题目，大部分就是这些经典里的话，让你做文章来说明。

这墓中人是谁？他氏孔，名丘，字仲尼，后世尊称为孔子。

（二）

他的墓碑上虽然题着"文宣王"，他生时却不是什么王侯。那徽号是后人追加给他的。他出身很寒微。他虽然做过短期的大官，却没有什么权柄。他是以一个教学先生著名的，也以一个教学先生终老。不过他的先世可是很阔的贵族，他的远祖并且数到商朝最末的第二个王，帝乙。

从帝乙到孔子，其间有一大段历史。

原来商朝传了约莫五百年，给一个以岐山一带为根据地的周民族灭了（周民族原先是臣属于商朝的）。他们所建立的新朝叫作周朝，周朝的第一个王叫作武王。在周朝，中国依然还没有真正统一。武王以下的三世，共在王畿外分封了好几百个属国（这些国的君王都是世袭的），其中国名可考的也有一百四十多。现在单表两国：宋和鲁。宋是武王为留给先朝一点余地，拿来封帝乙的一个儿子的，即以商朝的旧都（商丘）为国都。鲁是武王的兄弟周公的封地，其都城即现今的曲阜。孔子的先世乃是宋"公室"（即国君的一家）的一支派，因内乱避难而迁到鲁国的。他们一离开本国，自然就丧失了世袭的贵族资格了。

孔子以公元前五五二年生于曲阜附近的一个村落。

他壮年以前的事迹，我们知道的极少，只有两点可说。第一，他是在伶仃孤苦中长大的。他三岁就死了父亲，也没有叔伯的提携，而且家里很贫困。他是全靠赤手奋斗而出人头地的。第二，他从少就好学好问，多才多艺。他决不只读死书。年纪很轻，就出去谋生，先后给贵族管理过会计和牧畜，都非常称职。

在三十岁左右，孔子的学问大成，名闻全鲁国，并且吸引了很多的生徒。

（三）

和孔子同时，或在孔子前后，不少以教学为业的人。为什么唯独孔子受着二千五百多年全中国一致的崇拜呢？原因是很复杂，但有三点最值得注意。

第一，是他的人格的伟大。他没有在战场上立过惊天动地的功勋，也没有在政治上做过扶危定倾的事业。他只靠他的德行使得人人对他低头。然而他的德行，说来也是平平无奇的，只是别人做不到。假设你在他门下受业，你会遇见一个怎样的先生呢？他的衣冠总是整齐而合宜的；他的视盼，温和中带有严肃；他的举止，恭敬却很自然。他平常对人朴拙得像不会说话，但遇着该发言的时候，却又辩才无碍，间或点缀以轻微的诙谐。他永远是安静舒适的。他没有忧虑，也没有怨恨。他一点也不骄矜，凡有所长的，他都向[人家]请教。

先師孔子行教像

德侔天地 道冠古今
删述六經 垂憲萬世

吾夫道子卑

孔子像

便是他和别人一起唱歌，别人若唱得好，他必请再唱一遍，然后自己和着。无论待怎样不称意的人，他总要"亲者不失其为亲，故者不失其为故"。他的穷朋友生时随便在他家里食宿，死后若无人收殓，他便替殡葬。他对一切人抱着三个理想："年老的得到慰安，年幼的得到爱抚，朋友以诚信相待。"

第二，他的遗教几乎包涵了所有重要的道德真理。除了以身作则外，他对门弟子还留下许多道德的训言，大部分记录在《论语》里。此等训言许多是永久适用，而任何人若接受了，会终身受益的。此等训言，这里不能尽述，但也无须尽述，因为，依照孔子的意思，它们是有一条贯通的原则的，那便是"忠恕"。"忠"就是尽自己的责任，和尽心替别人打算。"恕"呢？有一次，一个门弟子问，"有没有一个字可以终身奉行的？"孔子答道，"有，那便是恕：自己不愿意的，不要加在别人身上。"

第三，孔子在我国教育史上开了一个新纪元。在孔子以前，教育是专为贵族而设的，教师也专靠着贵族生活，而且只有贵族才会造就高深的学识。孔子是第一个平民出身的大学者，同时也是第一个努力去把教育平民化的人。他广收生徒，不分贵贱贫富，不拘脩金多少。便是只拿一束干肉来作贽礼的（这时的规矩，凡去拜会一个生人得带些礼物，叫作贽），他也不拒绝。对于当时别的教师，这可不行的。孔子所认识自己生平的特长只是"学而不厌，诲人不倦"。他是深深感觉到教育事业的乐趣和价值的。凭他的人格和学识，加以教诲的热心，所以他的门弟子许多是名闻列国的贤才，其事迹见于记载的也有二三十人。后人传说他门下先后有"贤人七十，弟子三千"，虽然有点夸张,恐竟去事实不远。论生徒的品类之杂，数目之多，及成就的人才之众，孔子在我国教育史上都是仅有的。无怪后世的读书人都尊他为"至圣先师"了。

（四）

孔子不仅是一个教育家，并且是一个政治的

孔子删述六经　　出自《圣庙祀典图考》

改革运动者。

在孔子的时代，周朝的王室久已衰微。在孔子生前二百一十八年，即公元前七七〇年，周王因为边境蛮族西戎（又名犬戎）的压迫，把国都从镐京（在今陕西长安县西）东迁到洛邑（在今河南洛阳县），同时把岐山以西的地方封立了一个秦国，让它去对付西戎。这次迁都是一件划分时代的大事。后人称东迁以前的周朝为西周，以后的为东周。自东迁以后，周朝的王畿大大地缩小，周王的势力大大地削减，他的号令越发不能行于列国。列国的君主，即所谓"诸侯"者，于是强的侵凌弱的，众强和众弱之间又彼此相争。内战不断地发生，人民可就苦了。

孔子是要拯救人民的。他的政治主张是要列国尊重王室，拥护王权，遵守从前武王、周公所定的一切规矩，并且在周王的统制[1]之下，和平地相处。

---

1. 统制：统领制约。《明史·列传第一百》："江北倭未平，廷议设总兵官于狼山，统制大江南北，改显任之。"——编者注

孔子也曾在鲁国做过三年的"司寇"（掌捕治盗贼及其他刑犯的最高官吏），但始终不能得到鲁国的政权。他在解除司寇职后，率领着一群弟子，奔走于列国之间，做政治活动，凡十几年。他向好些诸侯竭诚劝说，希望有一个能听他的主张，用他执政，但终无所遇。

他最后回到鲁国时，已将近七十岁，又过了四五年，便病死，那是在公元前四七九年。

他死后，群弟子把他葬在鲁都城北泗水边，即现在的孔林。群弟子并为他服丧庐墓三年，然后洒泪分手。弟子们和别些鲁人靠他的坟墓住下的有一百多家，成功了一条"孔里"。这孔里的遗址，今尚可寻。

三 墨子

（一）

孔子曾根据鲁国的史记，编了一本书，叫作《春秋》，后来成为经典之一。《春秋》的记事始于前七二二年，终于前四八一年。后人称这个时代为春秋时代。

宰制着春秋时代的有四个强国：齐、晋、秦、楚（齐在今山东北部，以泰山与鲁为界；晋略当于今山西；秦略当于今陕西；楚略当于今河南的南部和湖北。）。在前四〇三年，晋给国内三个久已强大的贵族瓜分了，他们运动得周王的册封，正式建立了韩、赵、魏三国，即所谓三晋。从这一年起至前二二一年秦人统一中国止，史家称为

墨子像

战国时代。这个名称恰符其实，因为战国时代之最大的特色就是各国间战争的剧烈频繁。"争地以战，杀人盈野；争城以战，杀人盈城"，这就是当时日常发生的事。

（二）

墨子的一生正连接着春秋之末和战国之初（他的生卒年均不可确考，约略是前四八三至前三九〇）。他目睹战祸的惨酷，要把人民从其中拯救出来，首倡"非攻"的主义，意思就是说，反对侵略的战争。

墨子推原人类所以有战争，以及侵夺欺凌等事，根本是由于彼此不相爱。他想，假如人人把别人的身体看作自己的身体一般，谁还会加人以伤害？假如人人把别人的东西看作自己的东西一般，谁还会去偷劫？假如人人把别国看作祖国一般，哪里还会有国际战争？为着消灭一切人与人间的冲突，墨子又提倡一种主义，叫作"兼爱"，意思就是说：爱一切同类，如爱自己，不按亲疏而分厚薄。他悬想了一个合理的社会，在其中，每个人一视同仁地爱着其他一切人，同时也受着其他一切人的爱；全天下的人合为一家，谁有余剩的力量便用来帮助同侪，谁有余剩的钱财便拿来分给同侪；谁尽了职分便不用为生活担忧，年老无依的都得到赡养，年幼无亲的都得到抚育。这样一个欢乐和谐的天堂，岂不胜于一个充满了战争攘夺、诡诈仇恨的地狱？墨子觉得奇怪，为什么人类是这样的愚昧，宁可安于一个充满了战争攘夺、诡诈仇恨的地狱，而不肯在一转念之间把它变成一个兼爱主义的天堂？说兼爱是不易实行的理想吗？世间比兼爱更难更苦的事多着哩！看哪！每年以万计亿计的人，为着君主一人的私利或一时的意气，可以争先恐后地到战场上送死！兼爱无论如何不是这样苦事罢？然而人们宁肯把性命做毫无价值的牺牲，而不肯实行兼爱。这不是由于愚昧却是由于什么？

墨子和他的信徒（即所谓墨者），不仅宣传兼爱，并且严格地实行兼爱。他们认为全人类应当"有福同享，有祸同当"；若世间还有一人不免于饥寒，而自己的享受超过了维持生命之最低限度的需要，那便是罪过。所以他们都住极朴陋的房屋，吃极粗劣的食品，穿着得像囚犯一般。他们日夜操作，弄到"手胼足胝"。他们说，不这样，够不上做墨者。为着救人急难，他们可以"赴汤蹈火，死不旋踵"。他们的义侠行为，下面还要详叙一件。

墨子提出大禹做模范的人物，以为他们的生活是实行着"禹之道"。禹是怎样刻苦为民的？读者还记得吗？

（三）

墨子提倡"非攻"，并不是只凭口舌去宣传。他虽然反对侵略，却赞成抵抗。而且他知道，要消灭侵略的战争，最有效的方法，还是比侵略者更强顽的抵抗。所以他的信徒几百人都熟习守御的战术，并且自备守御的器械，以作主义的后盾。

那时鲁国有一个著名巧慧的木匠叫作公输般（般一作班，如今木匠行所供奉的鲁班师父即公输般），他替楚国创制了一种攻城的利器叫作云梯。

楚人准备用来进攻邻近的宋国，即墨子的祖国。墨子在鲁国闻得这消息，便立即起行，一连跑了十日十夜，来到楚的国都郢邑（在今湖北江陵县），找公输般。

公输般见了墨子，就问道："先生老远来到，有什么见教？"

墨子佯答："北方有人侮辱了我，想请你去杀掉他。"

公输般不高兴了。

墨子接着说："我送你十金。"

公输般忿忿地回道："我是义不杀人的。"

墨子于是给公输般做了一个敬礼，然后很严肃地说道："可是我有几句话。我在北方，听说你造了云梯，要去攻宋。宋有什么罪过呢？楚国有余的是地，缺少的是民。杀缺少的来争有余的，不能说是智；宋没有罪，却要攻它，不能说是仁；知道了，却不争，不能说是忠；争了，而不得，不能说是强；义不杀少，然而杀多，不能说是知类。"

公输般给说服了。

墨子道："那么，不可以歇手了么？"

公输道："这可不行，我已经对王说过了。"

墨子道："何不带我去见王？"

于是公输般同墨子入朝。墨子见楚王，行过礼后，从容问道："现在有一个人，不要轿车，却想偷邻家的破车子；不要锦绣，却想偷邻家的短毡袄；不要米肉，却想偷邻家的糠屑饭；这是怎样的人呢？"

楚王答道："那一定是犯了偷摸病了。"

墨子道："楚的地面，方五千里，宋的却只方五百里，这就像轿车和破车子之比；楚有云梦，满是犀兕麋鹿，江汉里的鱼鳖鼋鼍之多，哪里都赛不过，宋却是所谓连雉兔鲫鱼也没有的，这就像米肉和糠屑饭之比；楚有长松、文梓、楠木、豫樟，宋却没有大树，这就像锦绣和短毡袄之比。所以据臣看来，王吏的攻宋，和刚才所说的偷摸病是同类的。"

楚王道："确也不错！不过公输般已经给我在造云梯，总得去攻的了。"

墨子知道此时靠口舌去争是没用的，于是请求和公输般比较一下彼此的攻守技术谁高谁低。

他们就在楚王的面前表演。墨子把身上的皮带解下来当作城，把衣服卷叠作器械。公输般用种种机变来攻，墨子也用种种机变来守。公输般用尽所有攻城的器械，还攻不下墨子的城。

显然是公输般输了，但他对墨子说："我知道怎么赢你，但是我不说。"

墨子回道："我也知道你要怎么赢我，但是我不说。"

楚王很惊讶地问他们知道的是什么。墨子道："公输子的意思，不过想杀掉我。他以为杀掉我，宋就没有人守，可以攻了。然而我的弟子禽滑厘等三百人已经拿了我的守御的器械，在宋城上等待楚军。就是杀掉我，宋城还是攻不下的！"楚王于是把攻宋的计划打消。

墨子名翟，墨是否他的姓或氏，至今史家还争论不决。

四

商鞅

（一）

　　前面说过，在西周时代中国境内包涵有好几百国（确数不详）；它们互相吞并的结果，到战国中叶，剩下的大概不到二十国。内中秦、齐、楚、赵、魏、韩、燕最强，合称为七雄。前三国是春秋旧有的强国，次三国是春秋的一强晋国分成的。最末的燕国（齐的北邻，在今河北省内）则一向闭关自守，在国际局面上无足轻重，到战国中叶才突然露头角的。

　　战国时代的历史，大部分就是这七雄互相残杀的历史。

　　在这大混乱的局面中，周朝的王室远远地退

商鞅像　徐燕孙绘

居幕后。本来东迁以后，周王已不能号令诸侯，不过他的威严还没有扫地，诸侯表面上还尊重他。直至三晋建国（前四〇三），还需要周王的册封。但三十余年后，赵和韩便合兵攻周，并且帮助两个王亲，把王畿分裂为二，各治一方，号东、西周（这与时间上的东、西周不可混乱）。从此周王连一点残余的势都丧失尽，只保存一个空衔罢了。到前二五六年，西周君为秦所迫，把所有的三十六邑，共三万人口，奉献给了秦，西周亡。是年周赧王死，大约此时周人认为周室已衰到无可救药，再没有人给赧王立嗣，他就成了最后的一个周王（通常以赧王死年为周朝灭亡之年）。传说他有时穷到负人民的重债没得还，便跑到一个高台上躲避，周人因此称那台为"逃债台"。"债台"的典故就是从这里出来的。赧王死后七年，秦灭东周。

（二）

秦在战国初年原是七雄中最不雄的一国，但

在战国中叶以下却是七雄中最雄的一国。这转移的关键，乃在秦孝公用商鞅变法。

商鞅原是卫国（鲁的西邻）的贵族，故又名卫鞅。他后来在秦国立了功，封于商，才号商鞅。

商鞅知道，要一个国家强起来，第一须有严格守法的人民，第二须有乐于为国牺牲的战士，第三须有丰富的生产，尤其是供给军粮的农产。他替秦孝公所定的新法全是要达到三个目的的，例如：

1. 人民以十家或五家为一组，若一家犯法，其他同组诸家得连同告发，知情不举的要受重罚。

2. 凡不做耕织的游民收为公家的奴隶，努力耕织、多致粟帛的人民免除徭役。

3. 家有二男以上不分居的纳加倍的赋税。

4. 有军功的分等给爵；虽贵族，没有军功的，亦不得受爵；服饰、居室等等按爵级区别，没有军功的人虽富也不得享受。

以上诸项中，哪一项是针对着哪一个目的，读者试自一想。

商鞅的新法实行后，秦国家给人足，盗贼绝迹，

反映商鞅变法"废井田，开阡陌"的石刻

人民勇于公战，怯于私斗。其他六强，虽也各自在政治上有所变革，但没一国变得像秦那么彻底。这是秦凌驾六国的主要原因。

六国虽然各自不是秦的敌手，不过它们联合起来，却足以抗秦而有余。可是六国的君主多数只顾眼前小利，不独不能长久相联合，有时甚且勾结秦国来自相攻伐。结果六国给秦各个削弱，终于一口并吞。

五 秦始皇帝

（一）

　　秦人统一中国的事业完成于秦始皇帝手。他在十年之间（前二三〇至前二二一），把六国摧枯拉朽地一气扫灭，建立了一个空前大的帝国，接着，又向南北两方把国境大大地开拓。当统一完成之初，他觉得自己的功业前无古人，认为旧日"王"的称号再不适用了，于是给自己创出"皇帝"的称号。"皇"有光大的意思，"帝"则原是指至尊的天神。"始皇帝"意思就是头一个皇帝。他预定日后子孙称二世皇帝、三世皇帝……以至于千万世。

　　全盛时的秦帝国，在当时人的想象中，几乎

秦始皇像　出自《三才图会》

把整个世界都包括了。始皇的群臣曾在琅邪临海的高台上立石刻词颂始皇功德，内中说道：

六合之内，皇帝之土。

六合即四方上下，即全世界。颂词又说：

人迹所至，无不臣者。

这不是瞎捧。始皇势力所达的极限，差不多就是当时所知的世界的极限。

不过我们要分别（甲）绝对受始皇统治的帝国本部和（乙）虽向始皇称臣朝贡仍有自主权的帝国藩属。当帝国全盛时，本部连京师一共有四十二郡，南边包括全两广和安南的大部分；北边深入今辽宁省和内蒙古，并包括朝鲜的一部分；东边达到海岸；西边包括全四川和甘肃、宁夏的一部分。至于帝国的藩属，现今可考的，则有朝鲜半岛上许多"东夷"族部，和滇黔境内的许多"西南夷"族部。此外西北边外的蛮族向始皇称臣的，虽然历史上不见记载，一定还有不少。我们若把藩属也算作"皇帝之土"，那么，上面所引歌颂的话，照当时人的世界观念，虽不全真，也去事实不甚远了。

我们若拿这秦朝的疆域，和西周的疆域一比较，便知道其间（有八九百年）中国民族向外发展的成绩了。在周初，最南的封国吴（都于今苏州）、楚，已是化外的蛮夷，非王朝所能统制；最北的封国燕、晋已和戎狄杂居；东边则沿海给东夷、淮夷、徐戎等蛮族占据着，不属于中国范围；西边则王畿之外，更无藩国。所谓王畿，不过是周围着镐京和洛邑约莫一千里见方的土地。

秦朝不独疆域远广过周朝，政治组织也比周朝严密得多。在周朝，王畿之外分封了好几百国，各国的君主都是世袭，而不受周王任免的。周王在畿内，诸侯在国内，又把土地分给了许多小封君。这些小封君又都是世袭而不受周王或诸侯任免的。所以周朝的统治阶级是宝塔式的一班世袭的君长，名义上彼此相臣属，事实上各自为政。但在秦朝则京师之外分为若干郡，每郡分为若干县；郡县的长官都是直接或间接由皇帝任免，而非世袭的；京师的办法也如外郡一般，不过无郡之名罢了。这周朝和秦朝政治组织的差别，即所谓"封建制"和"郡县制"的差别。秦以后，郡县制虽偶有波折，终底是被维持着。

（二）

始皇灭六国后曾有两次大规模的对外用兵。一是征匈奴，一是征南越。

匈奴是游牧于内蒙古高原的一个民族。他们逐水土迁徙，以牲口为粮，以帐幕为家，没有城郭房屋，也没有文字。他们从少就学习骑射，刚会步行便骑羊射鸟鼠，故此个个强悍善战。遇着粮食不够时，便以剽掠中原为生业。所以古人有两句诗道：

> 匈奴以杀戮为耕稼，
> 古来唯见白骨黄沙田。

在匈奴以东，又有一个像匈奴一般的游牧民族，叫作东胡。他们以辽河流域为根据地。匈奴和东胡，战国人总名为胡。

胡的出现于中国历史乃在战国中叶。大约战国以前胡和中国之间隔着别的野蛮部落；自从战国以来，燕、赵各把北边拓展，遂与胡接境，与胡发生冲突，因此历史上才有关于胡的记载。燕、赵两国都饱受过胡人的蹂躏，却终于把他们大加惩创，远远地逐出边境之外，并在边界上各筑了一道长城以防他们。

但当燕、赵忙着对秦做最后挣扎时，和当始皇忙着调整新建的大帝国时，胡人得到了振兴的机会，匈奴尤其是猖獗，从前赵国得自匈奴的河套一带又给匈奴夺回了。当时有一句流行的谶语道"亡秦者胡"。始皇是最迷信的，便派蒙恬（相传蒙恬发明毛笔）统领三十万大军去征匈奴。蒙恬不久把河套收复，并且进展至套外，始皇将新得的土地设了九原郡。为谋北边的一劳永逸，始皇把燕、赵北界的长城和秦国旧有的西北边城，大加修葺，并且连接起来，成功了有名的"万里长城"。不过现今留存的"万里长城"乃是后人另筑的，不是始皇时代的遗物。

始皇的征匈奴还可以说是出于自卫，他的征南越（越与粤通）则纯是为着扩张领土。

南越即两广和安南一带，在战国时与楚为邻。这区域内分布着无数野蛮部族，中国人总称为"百越"。他们虽无文字，却已习耕种，有定居。南方地广人稀，物产饶富，他们不用向外剽掠，一向是和中国相安无事的。但始皇灭楚后，便乘胜向南越进兵，要把它收入版图。这回他没有得手。越人退入深山丛林中，乘秦军饥疲无备，半夜出击，把秦军的主帅也杀了。始皇统一中国后才派大军把南越压服，置为桂林、象郡、南海三郡，并迁数十万人到那里戍守。中国人向南越移殖是从这时候开始的。

（三）

匈奴、南越的征伐和万里长城的修筑，在始皇固然是煊赫的事业，在人民却是饮恨的牺牲。

那时还没有募兵（由政府出钱雇人民当兵）的制度，前后近百万的远征军都是人民在鞭扑之下尽义务充当的。因为交通的艰难，军粮运输所需的夫役，比军队本身还多。这些夫役又是人民在鞭扑下尽义务充当的。因为待遇的苛刻，赴北边的人据说十死六七；赴南越的因为瘴气和水土的原故，情形也许更惨。人民听说被征发，不论去征戍或运输，就像受了死刑的宣告一般。许多不堪虐待的，就缢死在路边的树上！

为着军事的需要，始皇又努力于交通的建设，他从咸阳修了两条大"驰道"，其一东达燕、齐，其一南达吴、楚；从河套外修了一条"直道"，通到畿内；从蜀郡（在今四川）修了一条"五尺道"，通西南夷。此外他又大兴土木，建筑了空前宏丽的宫殿和生陵。那生陵用了七十多万工人筑了十年；那还没完成的阿房宫，后来烧了三个月还没熄火，其他可想见了。这一切工程直接和间接（如运输材料）所需的夫役，除一部分用罪人外，又都是人民在鞭扑底下尽义务充当的。

始皇压迫人民的事还多着哩！他在统一之初，

为着永绝反叛的根株，曾把民间的兵器完全没收；他恨一班读书人引经据典地批评他，便把民间的书籍，除了关于医药、种树、占卜的，通通烧掉；他听说有人暗地毁谤，便不分皂白，把犯嫌疑的四百多个士人一齐活埋。像这类的苛政，这里也不能尽述。

本来六国的遗民，尤其是旧日王亲和宦族，为着亡国的痛恨，早就想倾覆秦朝而甘心。例如韩国的一个阔少张良就曾倾尽家产，雇人用大铁椎来行刺始皇，虽然差一点没有中。又例如楚国民间早就流行着这样的谣谚：

楚虽三户，

亡秦必楚！

何况亡国的痛恨之外，更加以苛政的忍受？

始皇在皇帝位十二年而死。其子胡亥（后来人人说"亡秦者胡"的"胡"字应在他身上）继位为二世皇帝。胡亥没有始皇一半的英明，却有比始皇加倍的残暴。他即位不到一年，被征发去北边的九百个戍卒，在楚人陈胜、吴广的领导之下，把反叛的旗一竖起，这包括全"六合之内"的大帝国便霎时瓦解。

各地的革命军联合把秦朝推翻了，接着便起内讧。血战八年的结果，中国统一在楚人刘邦手。他以前二〇六年即皇帝位，次年定都于长安。因为他以前曾占领过汉中为汉王，故此以汉为新朝之号。

汉朝传了二百一十四年，为王莽所篡。王莽死于大乱之中。汉宗室刘秀起兵重把中国统一，仍以汉为朝号。史家称刘秀以前的汉朝为"前汉"，以后的为"后汉"。因为后汉都于长安之东的洛阳，故此又称前汉为"西汉"，后汉为"东汉"。

（一）

现在的新疆是汉朝人所谓"西域"的一部分。西域是指当时西北边境以外的一带地方，西达波斯湾，北达黑海。在汉初，这区域包含了三十几国，多数的小国是在今新疆境，有的小至只有一百二十五户。西域诸国，大多数习农业，有定居，筑城郭，有些并且已使用文字。它们有许多特异的风俗和物事，是汉人所诧为奇闻的。譬如大夏（大约今阿富汗一带）等国以金银为钱，面铸国王像，背铸皇后像。又譬如大宛（大概在今费尔干纳盆地）等国用葡萄酿酒，富人藏酒至万余石。又譬如安息（即"帕提亚王国"，在伊朗高原东北部）等国

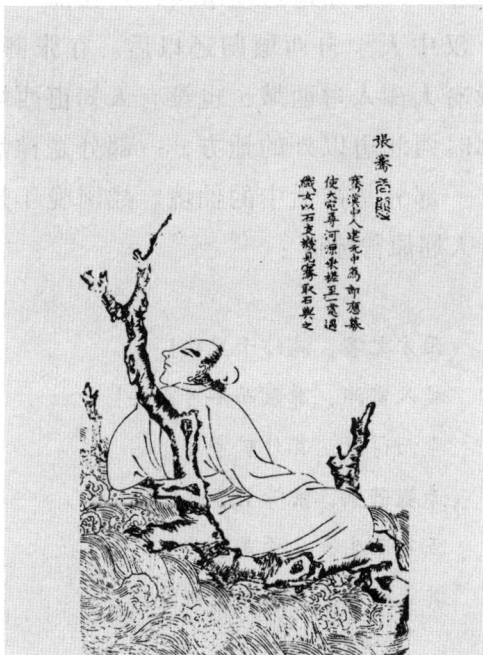

张骞像 出自《南陵无双谱》

看重女子，丈夫凡事听妻子的话取决。

不过汉人之知道这些事实，乃在前一二六年张骞（汉中人）自西域归还以后。在张骞以前，中国没有人深入过西域，也没有人知道西域的实情。那时西北边以外的地方，一部分是神话中的魔境，一部分是神话中的仙境。战国晚年楚国有一个诗人屈原曾咏道：

> 西方之害，流沙千里些！
>
> 旋入雷渊，靡散而不可止些！
>
> 幸而得脱，其外旷宇些！
>
> 赤蚁若象，玄蜂若壶些！
>
> 五谷不生，丛菅是食些！
>
> 其土烂人，求水无所得些！

一直至汉武帝派张骞出使西域之时，他根据披览古图书所得，还相信西边黄河尽处有一座高二千五百余里的昆仑山，日月轮流在那里躲藏着，山上有瑶池醴泉和仙人的宫阙。

张骞的亲见亲闻才把这些神话打得粉碎。他

给汉人开辟了一个新天地，像哥伦布给欧洲人发现了美洲一般。

张骞探险所到极远的地方，除了上面提到的大宛、大夏外，还有康居国（约在今巴尔喀什湖和咸海之间，南及今阿姆河北），在前二国之北。他这次行程，历时凡十四年，中间初去时被匈奴拘留了十年余，归还时被匈奴拘留了一年余，因为这时汉与西域间交通的孔道（今甘肃西北玉门关一带）是被匈奴握着。他初出国时，一行共有百余人，归时只剩下他和他的奴仆堂邑父而已。这堂邑父倒是张骞的大恩人。他们行冰天雪碛、荒山绝漠中，往往断粮，幸亏堂邑父善射，猎鸟兽充饥。

张骞为人强毅、宽大而诚信，故到处得蛮夷敬爱，化险为夷。

（二）

上面说过，张骞赴西域，是汉武帝派他的。武帝为什么派他赴西域呢？说来话长。

汉初在武帝以前的六七十年是匈奴强盛到登峰造极的时代。中国刚从秦末的大乱中喘过气来，正要休息，无力攘外。匈奴虽然不时蹂躏边疆，汉廷对它总是忍辱修好，进贡财物。到了武帝时代，一方面因为忍无可忍，一方面因为经过长期的培养后，国力已很充实，便要对匈奴大张挞伐。

是时匈奴在东边已灭了东胡，与朝鲜接境；在西边则已把西域的许多国置为属国，并且设了一个"僮仆都尉"以管治它们和征收它们的赋税。当时汉人称朝鲜为匈奴的"左臂"，西域为它的"右臂"。武帝于前一〇八年把朝鲜半岛的大部分征服，收为郡县，这算是断匈奴的左臂。但他即位之初（前一四一）最先注意的却是匈奴的右臂。

武帝听到匈奴的降卒说，从前有一个月氏国（今甘肃西北部，即当中国通西域的孔道），给匈奴灭了，一部分月氏人逃入西域，占据了塞种人的土地（今伊犁一带），建立了一个新月氏国，是为大月氏，时常想报复匈奴。武帝要联络大月氏，便于即位的次年，募人去和它通使，应募的人就是张骞。

张骞像　出自《历代画像传》

当张骞被匈奴拘留的期间，西域起了一大变化。月氏人又被一个强悍的游牧民族叫作乌孙的所迫，做第二次逃亡，终于又鸠居鹊巢地把一个文弱而富厚的大夏国占据了，遗下塞人旧境为乌孙所有。当张骞从匈奴逃出到达大夏时，月氏人正在新领土里过着舒服的日子，已忘却匈奴的旧仇。张骞留大夏年余，不得要领而返。

武帝派张骞使月氏的目的，原要断匈奴的右臂。但他们的右臂还没有断，汉朝的大军已深入他们的腹心，把他们驱逐到蒙古大沙漠之北，他们从前所占月氏的土地归入了汉朝。他们在痛定思痛之余，竟唱起这样的失败之歌了：

> 失我焉支山，
> 令我妇女无颜色！
> 失我祁连山，
> 使我六畜不蕃息！

接着汉朝用战胜的余力，乘战胜的余威，经营西域，六十年间（前一一九至前五九），终于把匈奴在西域的势力排除净尽，把西域的大部分收为属国，并且在那里设置了一"都护"官以替代匈奴的"僮仆都尉"，都护之下有都尉，分驻三十一国。但这是远在张骞和武帝死后的事了。张骞死前还曾一度奉使去连结乌孙，亦无结果而返。张骞的贡献不在外交上的胜利，而在地理上的开辟。这种新事业汉人给起了一个新名词，叫作"凿空"。

七 马援

（一）

西汉最大的边患是匈奴，东汉最大的边患是西羌，东汉第一个征羌的名将是马援。

马援，字文渊，扶风郡茂陵县人。十二岁丧父。长兄命他去从师学习经典，以图仕进。他受不了当时经师的咬文嚼字，便辞去，要到边郡从事牧畜。不巧长兄死去，只得暂留乡里，做郡中的小吏。有次押解一个重罪的囚犯去受审判，途中见这囚犯太可怜，竟把他放了，自己也亡命到边郡去。后来遇赦，仍留在那里，经营牧畜。

援很有干才，他的事业很成功。有数百家人来归属，为他工作，听他调遣。畜牧之外，并且

马伏波游像

马援像

种田，积得牛马羊数千头，谷数万斛。他虽成了富翁，却叹道："生利赚钱，所贵在能施赈别人，否则就是守钱虏了！"遂把家财尽数给亲戚朋友。

当王莽末年，群雄并起。在西北割据的隗嚣，很佩服马援，把他请了去。公孙述在蜀中称帝，他被派到那里观看情形。他和公孙述本是同乡，而且自幼就十分相熟，以为见面应该握手言欢咧，不料公孙述却排起盛大的仪仗，以严肃的君臣之礼相见。援回来对隗嚣说："公孙述眼孔太小，不过井底之蛙而已。还是去看看洛阳的刘秀罢。"刘秀即建立东汉的光武帝，此时势力比公孙述大得多，几乎已领有中国的一半了。光武一闻马援来，立刻请进，连头巾都未戴就起身相迎，很随便地说笑。援心中大为佩服，说："陛下不怕我是刺客么？"光武说："你哪里是刺客，不过是说客罢了！"援回去就劝隗嚣降汉，自己也带家属迁到洛阳。后来隗嚣又听了别人的话，不肯降汉，援写信劝他也不听，归结和公孙述同被光武灭掉。

（二）

隗嚣的根据地在陕甘，附近就是羌人。羌人散居甘肃、青海以至西藏。王莽末，侵入陕西。隗嚣既平，有人推荐说羌人非马援不能平定，光武遂拜他为陇西郡太守。他对西北地理非常熟悉，带兵去先破灭一股羌人，又潜行抄近路袭击羌人的辎重大营。羌人大惊溃散，另结一营在山上。他进兵追讨，一面在山前列阵，一面分兵乘夜到山后去放火，击鼓叫噪。两面夹攻，羌人大溃。援上阵身先士卒，中箭贯胫。光武以玺书慰劳，赐牛羊数千头。他都拿来分给部下。

援在太守任内，教人民修理城郭堡垒，开导沟洫，推广耕牧。对残余的羌人也都恩抚宽待，地面大为安静。他做事只从大体上着眼，琐屑概不过问。属下小吏常来禀告外面的事，他说："这都该那些小官们管的，别来烦我，还是给我点空闲玩玩罢。要真有大姓侵夺小民，羌人图谋造反，那才是我太守的事哩。"有一次，近县的人报仇行杀，吏民误惊，以为羌人反了。百姓纷纷逃入城郭。县长也跑来请快快闭门发兵。援正与宾客饮酒，闻言大声说："羌虏哪敢犯我？"就告诉县长："快回去看守你的衙门罢！要真害怕的话，可以伏到床下躲一躲。"后来事情弄明白了。大家都佩服太守的镇静。

（三）

定羌之役，马援虽受过箭伤，尚是驾轻就熟。他一生最艰苦的事业还在后头。

公元四〇年，交阯（今越南北部）女子徵侧纠众造反。南方蛮夷很多响应，声势浩大，被扰的有六十余城。马援奉命去征剿。这时中国的南部还是未辟的边荒，马援率兵沿海而进，随山开路，凡千余里。苦战年余，终于败斩徵侧。

这次师行所经，每每下面是湿地，上面是瘴雾，不宜于居人。马援有时卧军营中，看见只只飞鸟，耐不住瘴，落在水中。同行的兵士，犯瘴疫死的有十分之四五。马援属下有一位将军还没有到战场便病死。马援凯旋时年已五十八，却还猛健如壮年。

他师行所至，便教人民修治城郭，穿渠灌溉，同教给西方人的差不多。这与中国西、南两部的开发很有关系。他不但是个大将，并兼是个拓荒者呢。

他还洛阳后，故人多来慰劳说，从此可以休息了。他摇头说："现在匈奴、乌桓（东胡的余族），还侵扰北边，我正想请旨去打他们。男儿合当死在边野，用马革裹尸还葬。哪能安卧床上，死在儿女子手中呢？"在家才月余，果然又请行。匈奴、乌桓听说他来，都散去了。

公元四八年，马援已六十二岁。闻南方武陵蛮反，汉将败死，又自请去征讨。光武怜他年老，不肯答应。他说："臣尚能披甲上马。"光武命他试一试，他果然披挂整齐，踞鞍顾盼。光武笑说："这老头儿真壮啊。"遂许他出兵。当年他在西北牧畜时，常常勉励部下说："穷当益坚，老当益壮。"

临出兵时，他告别友人说："我年已老，常恐不能死于国事。现在能如我愿，可以甘心瞑目了。"

他到南方，正遇暑热。兵士多病疫，他自己亦病到两足难行，只得暂时改攻为守。每逢蛮兵登山鼓噪，他必扶病出来察看。左右为之哀痛流涕。可是平日和他有仇恨的皇亲贵戚便乘机上奏，说他师出无功。光武把他免职的诏书颁下时，他已病死军中了。

亲贵们还不肯罢休，又谗他南征交阯时私带了许多明珠文犀之类回来，不曾奏报。光武更加生气。其实他带回来的只有薏苡一车。

后来他的朋友屡次上书给他讼冤，光武才明白过来，就命太子娶了他的少女为妃，即日后的明德马皇后。

马后为人，甚得父风，非常俭朴。身为皇后，衣服常用一种粗疏的织品，叫作"大练"的。宫人朝见，每误以为这是一种特别的好材料，细看方知是贱物，就笑了。马后解说道："这种东西特别宜于染色，所以我喜欢用它。"

八　張衡

（一）

　　我国第一个伟大的科学家是后汉中叶的张衡（七八至一三九）。

　　在张衡以前，我国也有过不少无名的科学家。例如至迟在战国末年，中国人已知道磁石的吸铁性和指极性，但发现这两件事实的是谁，不可考了。又例如现存我国最古的天文学书《周髀算经》和最古的数学书《九章算术》——这两部书在旧日乃是这两门学问的基础，但不独它们的作者没有留名，连它们著作的时代都成疑问，只约略可知它们是后汉以前的产品罢了。

　　在张衡以前，我国也有过一些知名的科学家。

邮票上的张衡

例如战国中叶（约前三六○左右），楚有天文家甘公，魏有天文家石申，研究恒星的方位和行星的运行，各把观测的结果记录了下来。他们的著作是全世界最早的天文记录，比之希腊人依巴谷（Hipparchus，又译"喜帕恰斯""希帕库斯"。他经过天文观测制作了西方最早的星表）还先二百年。可惜甘公和石申的书现在只存片段了。

（二）

不过张衡以前有名和无名的科学家，论方面之广和贡献之精，都没有比得上张衡的。

张衡是一个天文学家。他创设了我国旧天文学中最重要的一件仪器，叫作"浑天仪"。他首先发现月本身是不发光的，因太阳的照射才生光，又解释月食是由于月为地所遮蔽，不能接受日光。他的天文学著作可惜现在也只存小片段。

他也是一个数学家，著作一部"网络天地而算之"的《算罔论》，可惜现在连片段也不存了。我们只知道：旧以圆周率（圆周和圆径的比例）

为三，张衡改为十的平方根，精密得多了（现今数学中的圆周率是355/113或3.14159……这个密率，张衡后四百年的祖冲之才发现，但也比西洋的发现早一千多年）。

但张衡之惊动一时的创造，还在一个测验地震的仪器，叫作"候风地动仪"。那是用精铜铸成的，圆径八尺，样子好像当时的酒樽，机关隐藏在内中。外面有八个龙头，各衔着一颗铜丸，下有蛤蟆，张口来承受。地震从某方来，某方的龙便把丸吐出，落在蛤蟆口中，其余的龙却不动。有次一龙吐丸，大家却没有觉得地震，以为这仪器无效。但过了几天，西方边郡果然传来地震的消息。这仪器构造的原理现在还可以推知。

张衡不独是个科学家，也是个文学家。我们现在特别推重他的科学贡献，以前他在历史上的名气，却全靠他的文学著作，尤其是那篇描写两汉首都的《两京赋》。从前认真在文学上用工夫的人，几乎没一个不哼过这篇赋的。

张衡字平子，南阳郡西鄂县（今河南南部）人。

（一）

东汉帝国维持了一个半世纪（三七至一八九[1]），终于瓦解而为群雄割据的局面。这变迁是怎样造成的？

东汉的皇帝有一特色，就是多数短命。奇怪得很，自从第三传的章帝以下，一共十君，除了最后被逼退位的献帝外，没有活过三十六岁的。因为皇帝短命，不是绝后，就是遗下幼少的嗣君。遇着皇帝绝后时，被迎来继位的宗室，也照例是

---

1. 东汉，公元二五至二二〇年，三六年刘秀统一中国。一九〇年董卓挟汉献帝迁都长安，揭开东汉末年军阀混战的序幕。作者此处指东汉作为一个统一帝国存在的时间。——编者注

像明孔葛諸

諸葛亮像　出自《三才图会》

幼少的。试想小孩子坐在皇位，除了做傀儡以外，还能做什么？玩弄着这些傀儡的有两种人，一是在宫中服役的阉人，即所谓宦官；一是太后或皇后的娘家，即所谓外戚。东汉末一百年的朝廷，就是宦官和外戚的战场。最后外戚何进想到借助朝外的兵力来诛灭宦官，把驻在凉州（今甘肃）的悍将董卓召到京城，便闯出弥天大祸。

东汉因为主要的边患是西羌，精兵猛将多聚在邻近西羌的凉州。董卓的一军尤是其中的精锐。他早已不把那分裂无主的朝廷看在眼内，不受它的指挥；但如今奉召，却立即领兵起行。董卓还没有到，何进已谋泄遇害，他的党与向宦官反攻，已把宦官杀个净尽。这证明董卓的内召完全是多余的一举。董卓至洛阳，收降了何进的部众，声势更加浩大。他把才立了六个月的少帝废掉，另立他所喜欢的傀儡，即献帝，并鸩杀少帝之母何太后。

董卓入洛阳之前五年（一八四），中国开始闹着"黄巾之乱"（叛众头裹黄巾，故名）。叛众有数百万，乱区包括今河北、河南、山东、江苏、湖北。叛乱的主力虽不到一年便被击破，但余党却与汉祚同尽。为着防剿黄巾，乡里的豪杰纷纷竖旗起义，地方大吏也纷纷买马招兵。这些军队和投降的黄巾渐渐合并，而成为若干大队的私人部曲，此时便被用为诛讨董卓的义师。

义师逼近洛阳了。兼之洛阳离董卓的根据地凉州太远，他不容易控制，便挟着献帝迁都长安，并胁逼全洛阳数百万户男女老幼一同迁徙。董卓的军队，纪律是著名坏的。此时连赶带抢，马蹄践踏，死尸堆满一路。临行，董卓又在空城中放一把火。这一百五十余年的帝都霎时化为灰烬，它周围二百里内绝了人烟。

董卓到长安不久，被他的敌党勾结他的部下杀掉。他的部下又互相攻杀，关中（今陕西）在大乱中变成荒墟。同时各地的拥兵的将吏，纷纷划疆自主。

在这些对峙的群雄当中，巍然挺出一个曹操。他把献帝抓到手中，"挟天子以令诸侯"，改元建安，以许为都，渐次把其他割据的势力扫灭，最后，当他进入荆州的时候（建安十三年），稍有抵抗能力的，只剩下江东（今江浙一带）的孙权了。但他并不把孙权放在心上。他觉得配和他对敌的只有一人，即汉宗室刘备。他从前对刘备说过："天下英雄，唯使君与操耳。"但此时刘备正被他追赶得无地可栖。他眼见要做中国的主人了。

（二）

当黄巾乱起时，诸葛亮才四岁，及曹操挟着汉献帝定都于许，改元建安时，亮已十六岁了。

亮字孔明，本籍琅邪郡（今山东诸城一带）。幼丧父，依其叔刘玄。玄官至豫章郡（在今江西）太守，后来失官，因与割据荆州（略当今两湖）的刘表有交谊，便投奔他，不得志而死。这时孔明已长成，便在荆州住下，结庐山中，且耕且读，也有几年出外寻师就学。他读书有一点和同学们大不相同，人家得着一部书便抱住读到烂熟为止；他却纵观博览，只记大略。刘玄的故旧不少显贵的，而此时割据的群雄也都急于延揽人才。孔明既学成，很可以出去找寻一官半职。可是他不，依然隐居隆中（在今湖北沔阳县）草庐里，耕种自给。

建安六年，刘备为曹操所败，领着部众和家小投奔刘表，也在荆州住下。刘备渐渐和当地的名士往来，知道他们很推重孔明，称他为"卧龙"。有次一位名士向刘备举荐孔明，刘备便说："请你和他同来。"那人答道："孔明只可拜访，不可传唤的。"刘备只得亲到隆中的草庐去，去了三遍才会着他。

刘备见孔明身长玉立，容貌英伟，就起了敬意。两人屏去随从，密谈恢复汉室的大计。孔明的筹划，大意道："如今曹操已拥有百万之众，挟天子以令诸侯，这确是不可与争锋的。孙氏据有江东，已历三世，地势险阻而民心归附，又得贤能为用。这是可以连结而不可以图谋的。唯独荆州，北面据有汉、沔，南面通达南海，可以享受海外通商之利，东面接连吴郡和会稽，西面可通巴蜀；这正是用武之地，而刘表不能保守，好像是上天特意留给将军的。其次益州（即巴蜀），沃野千里，山险环绕，从前高祖（指刘邦）就靠它成就帝业。现在领有益州的刘璋，其人愚弱，不知爱恤人民、任用贤能，这也是可图的。如果将军并有荆、益，收服西南边境的蛮夷，结好孙吴，修明内政，等时局一有转变，便派一上将领着荆州的兵向宛洛出动（从湖北攻河南），将军则亲率益州的兵向秦川出动（从四川攻陕西）。这一来，霸业便可成，汉室便可复兴了。"

刘备听了这话，好比迷途中得到出路，欢喜是不消说的。便把孔明请到军中，并对人说："我之有孔明，就像鱼之有水。"这时是建安十二年，孔明二十七岁。

建安十三年，曹操统着水陆大军来取荆州，适值刘表病死，其部众纷纷迎降。刘备用孔明计，联结孙权，合兵拒曹，把他大败于赤壁。他狼狈逃归。荆州的大部分遂落在刘备手。五年后，刘备又攻取了益州，定都于成都。孔明在隆中所预定的"三分天下"的计划完全实现了。

是时汉献帝仍在，名义上仍为中国的共主，曹操名义上仍为献帝的丞相，孙权称"徐州牧"，刘备则称"益州牧"。"州牧"乃是东汉末最高级的地方官的名号。到了建安二十五年，曹操死，其子曹丕迫献帝把帝位"禅让"了给他，次年刘

草船借箭图　出自《新刊校正古本大字音释三国志通俗演义》

备才称帝和他对抗。八年后，孙权也称帝。于是魏蜀吴三国鼎峙的局面名实俱备（因曹操曾封为魏公，故曹氏以魏为国号；江东为春秋时吴国境，故孙氏以吴为国号）。

（三）

刘备既领益州牧，即任孔明为军师将军，后来称帝，任他为丞相。刘备临死，把十七岁的儿子刘禅付托给他，并诏敕儿子道："汝与丞相从事，事之如父。"刘禅守着这遗训，事无大小，皆取决于丞相。

从任军师将军至死，孔明肩荷西蜀的国政凡二十年。

在民事和军事上，孔明执法行令均甚严厉，有犯必重惩。他初抵蜀时，有人看不过他的辣手，向他劝谏，大意道："从前高祖入关，只简单地约法三章，所以秦民感德。如今新占一州，不缓刑施恩，以收拾人心，未免失策。"孔明的回答大意道："你知其一，未知其二。秦朝苛政民怨，以致覆亡，高祖继秦而起，所以能以宽宏济事。这里刘氏累世宽纵，法律的威严扫地。做官的每每专权自恣，忘了君臣上下。一味拿爵位去宠耀他们，爵位尽极，他们便把爵位看贱了；一味拿恩惠去笼络他们，恩惠尽极，他们便怠慢了。这是刘氏衰弱的根源。如今我拿法去裁抑他们，法行便知道感恩了；爵位有限制，得爵位的便知道荣耀了。"这是孔明内政的方术。

他的外交政策，在隆中时已决定，即连吴图魏。这是再高明不过的政策。曹操劫持天子，是当时志士所目为国贼的，曹丕篡夺，更不用说了。伐魏是正义，魏在三国中最强大，魏灭，江东便不成问题了。蜀在三国中最弱小，不能同时树二敌。既要图魏，则不能不连吴。所以当孙权袭杀了刘备的心腹大将关羽，因而夺取了荆州之后，刘备一意伐吴报仇，孔明是不赞成的。但丞相的智谋到底拗不过皇帝的情感。结果刘备大败而还，半途病死，把孔明召到白帝城托孤。孔明主政后，却立即与东吴修好，一面劝农业，造战具，以备北伐。

但在北伐之前，尚有一事要办，即平定"南

蛮"。这也是孔明在隆中所预料到的。所谓南蛮(汉代称为"西南夷"），即分布在今滇黔一带的许多半开化部落。这一带地方，在汉武帝时代已经收为中国的郡县。但东汉帝国瓦解后，南蛮又恢复独立的状态。当刘备败死时,南蛮就乘机侵寇蜀边。为绝内顾之忧，孔明不得不先南征，后北伐。

　　孔明出师南征的时候，他平日最器重的参军马谡来送行。临别，孔明问他还有什么良规。马谡道："南蛮恃着地势险阻，不服已很久了。今天把他们击破，明天他们还是要反的。要紧的是使他们心服。"孔明采纳了这计策。是时，南蛮的首领叫作孟获。孔明设法把他生擒了来，问他服输不服；不服，便放了再战。如是者七次。最后一次被放时，孟获道："公真是天威，南人再不敢反了。"孔明于是把孟获以下一班酋长收为属官，归时不在南中留驻一卒。此后南人果不再反。

（四）

　　孔明第一次北伐就失利。失利的原因，是前

敌总指挥马谡违背了孔明的节制。马谡兵败私逃，被捉了回来。孔明只得按军法从事。马谡临死，上书给孔明道："明公视谡犹子，谡视明公犹父。愿深惟殛鲧兴禹之义，使平生之交不亏于此，谡虽死无恨于黄壤也。"马谡既斩，孔明挥泪临祭，全军也为之哀恸。马谡的遗孤，孔明善为抚养，不在话下。

此后孔明屡次出师北伐，间有小胜，终不能深入魏境。

孔明的图魏是失败的。失败的主要原因不是谋划不周，而是地势不利。荆州既失，伐魏的途径，只有从汉中（汉中在刘备时已入于蜀）攻关中。这一路栈道崎岖，运输很艰难，粮草不能多带。因此蜀军利于速战而不利于停逗，后来魏将司马懿看透这一点，只是按兵不战，和孔明相持。孔明想到补救的方法：在边境"屯田"（使军士垦田），以给军食。但屯田的效果还没有见到，孔明正当和司马懿相持之际，病死军中了。他享年五十四。

孔明的图魏是失败的。但有一次出师之前，他也曾上表对刘禅说过："臣鞠躬尽瘁，死而后已。

诸葛亮像　徐燕孙绘

至于成败利钝，非臣之明所能逆睹也。"

孔明又曾上表给刘禅说过："臣成都有桑八百株，薄田十五顷，子孙衣食自有余饶。至于臣在外任，无别调度。随身衣食，悉仰于官。不别治生，以长尺寸。若臣死之日，不使内有余帛，外有赢财，以负陛下。"到死，果如所言。

孔明死后二十九年而魏灭蜀。魏军将到成都，意外地遇着一个强顽的抵抗者，叫作诸葛瞻。魏将投书于瞻，说道，"若降，必表为琅邪王"。瞻怒，斩来使，战死。瞻就是孔明的独子。

十 谢安

（一）

上面不提到司马懿吗？他就成了第二个曹操，渐渐把魏国的大权弄到手里。接着他的两个儿子相继掌握魏政。到了他的孙子司马炎，便索性仿效曹丕，以武力行"禅让"，建立了晋朝。在这次"禅让"之前不久，魏已灭蜀；其后不久，晋又灭吴。于是中国重复统一。

当初曹丕开国定制，务求"强干弱枝"。皇亲封在外郡的，只给些老弱残兵，而且至多不过二百。因为皇亲无权，所以魏国很容易地被异姓篡了。司马炎有鉴于此，便把重兵广土，交给同姓诸王，希望他们做帝室的"屏藩"。无奈他的改革，

谢安像　出自《三才图会》

正是"如扶醉人，扶得东来西又倒"。诸王有了兵力，就不容易安分。他死后才十年，诸王便因为争夺中央政权，互相残杀个不休。正当他们厮杀得最热闹的时候，中国史的一大变局开始。这就是"五胡之乱"。

所谓五胡，都是东汉以来因投降而迁居于中国内地的外夷。其名目是：匈奴、羯、氐、羌和鲜卑。内中匈奴和羌上面已讲及。羯乃是匈奴的一支。鲜卑则是东胡的后裔。东胡在秦汉之际为匈奴所灭后，有一支逃避到鲜卑山[1]下，因而得名。氐原是中国西南边境外的民族，在商朝之初，就和羌人一同臣服于中央。但此后二千多年间寂然无闻，直至晋代，忽然像彗星一般在中国史里出现。

这些归化的外夷个个聚族而居，自成一社会，由本族的首领管治着。这些首领则听命于中央政府。当初中央让他们迁入内地，只为便于监视。

---

1. 古山名，相传因古鲜卑人居于此山得名，但究竟在何处说法不一，或因鲜卑人迁徙造成的。一说今大兴安岭北段为最早的鲜卑山；一说在今内蒙古科尔沁右翼中旗西；一说在今俄罗斯西伯利亚伊尔库茨克北、通古斯河南。——编者注

他们本来人数甚少，后来滋生，到全盛时，最大的族也不过十数万人。这些外夷，因为人数不多，且是投降来的，一向颇受汉人尤其是汉官的凌虐，甚至被掠卖为奴。不过汉人的压迫愈甚，他们的团结愈坚。他们都娴习骑射，较一般汉人为强悍。等到中央的政治组织破坏了，战斗力在内乱中消磨尽了以后，他们更收纳失意失业的汉人，加以部勒，遂成为无抵抗的势力了。

首先发难的是匈奴。他们以山西汾水流域为根据地，于三一一年，长驱入洛阳（晋首都），虏晋怀帝，终杀之，继占长安，虏晋愍帝，终又杀之。愍帝被杀之次年（三一七），晋琅邪王称帝于建康（今南京），统治着江淮以南，是为东晋。同时北方的贵家豪族纷纷避乱渡江。

匈奴的统治者不久便在骄奢淫逸中衰弱下去。接着羯族（初附属于匈奴）、鲜卑慕容氏（初以辽东之北为根据地）和氐族（原居甘肃境），一仆一继地以次宰制着中原。

氐族在苻坚的领导下，不独完全统一了黄河流域，并且得了慕容氏的辽东，取了汉中、成都，服属了西域和滇黔境内的许多"西南夷"，建立了一个大帝国，号曰秦（都长安）。苻坚挟着百战百胜的声威，进一步便要扫灭东晋，统一中国。三八三年，他率领步兵六十万、骑兵二十七万南征。旗鼓相望，前后千里。东晋不有长江的天险吗？苻坚说："我们的兵士，只把鞭子丢下，就可以塞断长江的流水。"

（二）

东晋的朝廷，闻得大敌压境，岌岌摇动。唯独宰相谢安照例是镇静如平时。

他遭遇的大故，这不是第一次了。十年以前，跋扈将军桓温领着大兵入朝（以前温曾废过一个晋君），谢安和另一位大臣王坦之奉诏去郊迎，当时都城中人心汹汹，谣言纷起，说桓温要先诛王、谢，继篡晋室。坦之十分害怕，问计于安。安神色不变地答道："晋祚存亡，在此一行！"桓温大陈兵卫，接见迎者。在一群跪列道旁、战栗失色的朝官中间，坦之也汗流沾衣，倒执手板（当时见上官照例要拿的）。谢安却从从容容地就席（当时是席地而坐的），坐定，对桓温说道："安听闻古人说，'诸侯有道，守在四邻'。明公何必在壁后置人呢？"桓温给说得不好意思起来，便把兵卫撤掉，后来也没有什么非常的举动。

这一次苻坚起倾国的兵来侵，事情比桓温入朝严重得多了，人心也惶急得多了。谢安的两个侄子，一个谢石，正受任为征讨大都督，一个谢玄，正受任为前锋都督。谢玄曾以战胜胡虏著名，这回也没有把握了。入去向谢安问计，安坦然地答道，"已别有旨"，便再无话。玄不敢多嘴，退后，托人请问。谢安却叫仆夫预备车驾，出去游山，把谢玄和许多亲友也约了来。叔侄二人在山中围棋，以别墅为赌注。谢玄的棋素来是高过谢安的，这回因为心中有事，始而势均力敌，终竟输了。谢安玩了整日，晚上回来，调遣兵将，指授方略，却一点也没有差失。

东晋迎战的兵，水陆合计，不过九万。秦军还没有尽到前线，已屡败晋军。有一位先遣的将官飞报苻坚道："贼少易擒，但怕逃去，要快快地来。"苻坚于是把大军留在后头，自领轻骑八千，赶上前线。并派朱序去劝谢石等，说"强弱相差太远，不如快快投降"。朱序（汉人）虽身仕秦朝，却心存晋室，暗地对谢石说道："秦军百万到齐，确是难敌，现在趁他们还没到齐，快快进击，若把前锋打败，挫其士气，大军便可破了。"谢石心慌，不敢急进，经谢琰（谢安的儿子）在旁劝告，方从朱序之计。不久谢玄的部队果然得了一大胜仗。

苻坚在前敌登城眺望，看见晋兵部阵严整，又看见对面山上的草木，也以为是晋兵，觉得先前的飞报是不对了，开始惧怕了。

临到大决战的时候，秦兵逼着淝水（淮水的支流）列阵，晋军不得渡。谢玄派人到秦军，说道："你们逼水列阵，这像是持久之计，不是想速战的。你们把阵往后略移一点，让晋军渡水来决胜负，不更好吗？"秦方诸将都说："我们人多，他们人少，阻止他们不让上来，万无一失。"苻坚道："只退却一点，等他们刚渡过来一半，派铁骑去掩袭他们，断没有不胜的了。"于是麾兵略退。不想秦兵才退，朱序在阵后大叫道："秦兵败了。"秦兵信以为真，又因为平常训练不好，一遇变故，心慌意乱，不听指挥，拼命地退，竟没法制止。玄等领精锐八千追击。苻坚中了流矢，秦兵自相践踏，投水死的，不可计数，把淝水也堵住了。残余的秦兵，乘夜奔逃，听到风声鹤唳，也以为是晋兵。他们日夜不停地奔跑，草行露宿，受尽风霜，又加以饥寒交迫，到了秦境，已经十死七八了。这便是有名的淝水之战。

谢安接到这场大战的捷书时，正和客人对坐围棋，他看完后，把书放在床上，不露一点喜色，照旧下棋。客人问有什么消息，他徐徐地答道："小儿辈便就已经破贼了。"棋下完，谢安回屋里去，过门限时，却欢喜到不觉把屐齿碰折了。

（三）

苻坚败归之次年，苻秦帝国便瓦解。鲜卑慕容氏、拓跋氏、羌族的姚氏等纷纷割据自主，和氐族争雄。混战了约莫六十年，北方终又统一在鲜卑拓跋氏的治下（初以代郡即今察哈尔宣化一带为根据地）。拓跋氏的新朝号称为魏，别于曹魏，又称为后魏或北魏。

当北方统一完成之前不久（四二〇），东晋又演了一出假"禅让"的喜剧，这回的受"禅"者是刘裕，他所建的新朝号称为宋。

从宋以后，南北对峙的局面维持了一百六十多年（四二〇至五八九），史家称这时代为南北朝时代。

在这时代里，南方经历了三次朝代的变换，皆采取曹丕所例示的假"禅让"的方式，以次产生了齐、梁和陈朝。这三朝，再加上刘宋、东晋，和三国时代的吴，史家合称为六朝。

当南朝的梁代，北魏裂为东西，仍各以拓跋氏为主。后来东魏经了一度假"禅让"变为北齐，西魏也经了一度假"禅让"变为北周。当陈代，周灭了齐，北方重复统一。后来北周的大臣杨坚又翻一次假"禅让"的把戏，推倒北周而建立隋朝，更进一步灭陈而统全中国（即隋）。

（一）

隋朝有好些地方很像秦朝。第一，同是把长时期分裂的局面结束。第二，同是享祚极短：秦传二世，十五年而亡；隋传二世，三十年而亡（五八九至六一八）。第三，秦朝和隋朝之后，同是继以短期的混乱，往下便是长时期的统一和平；这长时期，在秦之后的是汉朝，在隋之后的是唐朝。第四，秦、隋两代，同有宏大的工程建设：举其著者，秦始皇筑万里长城，隋炀帝（隋朝的第二帝）则凿一条运河，从首都洛阳通到扬州。第五，这两代同有大规模的远征军事：始皇北征匈奴，南征百越；炀帝则东征高丽（即朝鲜）。不过始皇南

唐太宗像　出自《三才图会》

北用兵都是很顺利的；炀帝的东征则三十余万大军几乎完全覆没。炀帝方要报仇，而人民已受不了工役和军费的负担，怨声沸腾，叛乱纷起，不久炀帝便死于乱徒之手。

唐朝的开创者李渊（即唐高祖），原是隋朝镇守太原的大将，他以山西为根据地，五年之间，以次削平四方割据的群雄，统一中国。

在开国的战役中，李渊的儿子建成、世民、元吉都很得力，而世民尤其英武。当李渊起兵太原时（六一七），世民才二十岁，已身为大将，领兵由山西到陕西，取长安。次年李渊称帝，世民又平定甘肃、四川等地。唐在西北方面的地位既稳固了，世民又来争取中原。是时河南的王世充与河北的窦建德，是两个最强的割据者，与唐成为三分鼎足之势。世民先攻世充。世充兵势甚盛。世民选精锐千余骑，皂衣玄甲，分为左右队，使几员猛将分领。每战，世民亲披玄甲，率领这一军为前锋，所向无敌。世充退守洛阳，世民又进兵围洛阳城。城中守御甚坚，唐将士都疲困想回去，世民不许。高祖知道了，密敕世民班师，世民也不听，围攻更急。窦建德率大兵十余万来救世充，先写信给世民请退兵潼关讲和。世民集众将商议，都愿班师。世民还是不肯，乃分兵一部围洛阳，自率精兵东进，去解决窦建德，在月余之间便把他生擒到手。世充失了外援，只得请降，此后统一的进行便一帆风顺了。

世民虽然功高，但因为建成居长，高祖在几番犹豫之后，仍决定以建成为太子。这事使世民心中不平。建成亦忌世民功高权重，想除掉他。两人仇隙日深，势不两立。世民的幕僚部将都劝世民先下手为强。有一天建成、元吉要入朝，世民乘他们不备，率勇士九人，守候在宫城北的玄武门，把他们杀掉。世民箭法甚好，亲自射死建成。高祖闻知，亦自无法，只得改立世民为皇太子，当年（六二六）就传位于世民，世民即唐太宗。

（二）

假如以隋比于秦，以唐比于汉，则唐初的突厥可以比于汉初的匈奴，而征服突厥的唐太宗可以比于痛创匈奴的汉武帝。

突厥和土耳其乃是一音的异译。现在的土耳其国即突厥的后裔。当初翻译西文名词的人不知道突厥的历史，故此创出土耳其的新名，现在既经通行就不好改了。

突厥乃是和匈奴同种的游牧民族，当北魏之世，住在阿尔泰山之北，其以前的历史不可确考。北魏之末，突厥始强。隋时分为东西二部。东突厥领有匈奴旧地，西突厥则以今伊犁一带为根据地雄霸西域。唐高祖当初替隋朝镇守太原，职务就在防御东突厥。他在起兵之时，先卑辞厚赂，与突厥连和[1]。后来统一中国，突厥求索无厌，寇掠不时。唐都长安偏近北边，每感受突厥的威胁。大臣多主张迁都河南以避，高祖也意动，因太宗极力反对而止。当时太宗说："不出十年，必定漠（蒙古大沙漠）北。"

这话果然应了。太宗不独征服了东突厥，不独把它的土地的大部分收入版图，并且把它的君

---

1. 连和：联合，交好。《史记·项羽本纪》："项梁乃以八千人渡江而西。闻陈婴已下东阳，使使欲与连和俱西。"《新唐书·高祖本纪》："高祖……遣刘文静使突厥，约连和。"——编者注

主颉利可汗也俘到长安。这是太宗即位第四年（六三〇）的事。就在这年，慑服来朝的蛮夷君长，一致推尊太宗为"天可汗"。

东突厥的平定只占天可汗的武功的一小部分。此外因侮慢大唐而被他灭掉的有高昌（今新疆吐鲁番一带）和龟兹（今新疆库车一带）；因侵寇大唐而被他征服的有吐蕃（都城在今西藏拉萨）和吐谷浑（在今青海）。

六四八年，太宗派使臣王玄策到印度的中天竺国。适值中天竺国王死，其臣阿罗那顺僭立，藐视大唐，发兵攻玄策。玄策乘夜逃至吐蕃，征调吐蕃等属国的兵进讨，一路长驱扫荡，霎时间便把那顺擒了，解往长安。太宗时代大唐的国威，从这件事可以想见。

（三）

太宗对外的成功，一部分固然由于他自己知兵善战，选将得人。最重要的原因，还在他注意国民的军事训练。唐初行着"府兵制"。府兵制的要素，就是在一些特定的区域内挑选精壮的农民，免除赋税徭役，指定当兵。平时就地训练，有事则集合成军。各地的府兵轮流地被调到京城给皇帝守卫。太宗把这种守卫的兵将，每日召数百人到殿前，亲临教射。成绩好的立即赏以弓刀布帛。有一次太宗对他们做这样的训话："从前汉晋以至隋代的君主，平日不使兵士练习武艺，外族来侵，无法抵御，弄到生民涂炭。故此我现在不叫你们去穿池筑苑，只叫你们练习弓马，盼望你们所向无敌。"

太宗死后，他的儿子高宗，凭借他所练成的精兵，灭西突厥及高丽、百济（二国在朝鲜半岛的北部），又凭借西域属国的兵力，在波斯也设置了都督府。

当太宗及高宗时代，还有好些外族自动向中国内属，或遣使朝贡，这里没有数及。

在高宗朝，大唐帝国达到全盛，其境域，连属国（指唐朝在那里设有"都督府"或"都护府"的）计，北边伸入西伯利亚，东边包括朝鲜半岛的大部分，西边包括波斯，南边包括交阯、支那的大部分，几乎全亚洲都归入唐朝的治下了。

（一）

你可曾逛过一所佛寺，停留在那沉寂的殿堂，看那安定慈祥的佛像？可曾登过佛塔的绝顶，望山川云树的渺茫？可曾当晓色曚昽的时候，听到远寺传来隐约的钟声？你可曾注意到所住在或附近的城镇里有多少佛寺？其中最古的是什么时候建立的？

佛教创于印度人释迦牟尼，和孔子同时而稍后。释迦本是一个小国的王子，过着很舒服的生活。但他感觉凡人有生老病死四种苦，想求彻底的解脱。二十九岁时，遂抛弃妻子，历访当时有名的各派宗教家求教，都不满意。又到一条河边

玄奘像　东京国立博物馆藏

的树林中，依照当时"苦行"的方法，日食一麻一麦，修道六年，结果形容枯槁，并无所得。乃在菩提树下，静坐冥思了四十八日，忽于夜半明星现时，自觉豁然大悟，疑念尽消。后来的佛教徒说释迦从此就成了"佛"。佛即"佛陀"（Buddha）的省称，意义是"得到最高的真理者"。故此释迦又被称为佛。

释迦"成佛"后，游行恒河沿岸中印度诸国，说教四十五年乃死。感化人民甚多，弟子有数千。

释迦认为一般人的生活是苦痛的，是值不得的。苦痛的根源就在他们给自己的欲望束缚住；天天为满足自己的欲望而营谋，而争夺，而担忧；为自己的欲望受了窒碍而忿怒，仇恨；欲望无穷，苦痛也无穷。为免除一切苦痛，他提倡一种新生活，"出世"的生活。那就是脱离家庭社会，到幽僻处所修养。修养的法式，一方面是戒绝种种嗜欲，如饮酒食荤、男女之爱等等；一方面是屏绝念虑，聚精会神地静坐，这叫作"入定"。佛家以为这种修养，行之既久，一旦会像释迦一般，得到彻底的解悟，同时得到至极的快乐。这就是成佛。理想的佛徒不仅要自己成佛，并且要帮助人人成佛。佛教是具有博爱精神的。

释迦和后来的佛教大师，还造出许多高深的理论，以为这种"新生活"的依据。玄奘所要彻解的就是这些理论。在另一方面，偶像崇拜和禳灾祈福的迷信也和佛教混合起来。一般愚民所知道的佛教只是这些迷信。

佛教的传布，分南北两路。南路传亚洲南部锡兰（斯里兰卡）、缅甸、暹罗（泰国）诸国，北路传亚洲中部西藏等地。两路会合于中国，又从中国东传到朝鲜、日本。

佛教传入中国是在东汉的后半期。魏晋时，流布渐广。南北朝时，南北两方，君民上下，一致尊崇佛教。自东汉末以来，印度与西域僧人东来传教的甚多。中国僧人西去留学的也不少，其中头一个著名的是晋时的法显。他经西域，越过葱岭，以达印度，回来却从海道到广州。他取回经典甚多，又著有《佛国记》，叙述印度的情形。但西行僧中，经历最危苦，成就最高，影响最大的还是唐初的玄奘法师。

（二）

玄奘（六〇二至六六四）俗姓陈，洛州缑氏县人。十三岁便出家为僧。就在这一年他听了法师讲经，再看经文一遍，便都了解，同学请他升座复讲，一点也不差。

当隋末大乱，他漂流避地，经长安入四川，下长江到荆州，又北游赵州，到处访问名师，究心佛理。但他觉得各宗派所说不同，看经典也不尽相合，怀疑莫释，决意到佛教的故乡印度去留学。

时当唐太宗初年，天下方定，禁人民出境。玄奘犯禁西行，还没有到玉门关，就屡次被官吏截住。但他的热诚把官吏感动，反让他通行。途中遇着一位老翁，把一匹瘦老的赤马换给他，说此马往来沙漠中已十五度，健而识路。又有人告诉他，此去只五个烽火站下有水，必须夜到偷水，但被一处发觉，就活不成。玄奘一点也不惧怕，径自出关。

玄奘经过第一及第四个烽火站时，都被守者

发觉，飞箭射来。玄奘大呼"我是京城来的僧人"，遂被引入站里。玄奘解说后，守官都敬服，放他西行。第四烽火站的守官并且送他一个大皮囊盛水。玄奘再西去些时，就遇到八百里的大沙漠，上无飞鸟，下无走兽，又无水草。取下皮袋要饮水，袋重，失手打翻了。玄奘直是懊丧，又迷了路，很想回去。但念我已立了志愿，宁可西行而死，决不东归而生。于是向西北直进。一路狂风飞沙，散下如雨。四夜五日无一滴水沾喉。人马都困卧在沙漠中，看看要死。在第五夜半，忽有凉风吹来，爽快如沐寒泉。人马遂勉强起乘。又走不久，马忽然变了方向，拉它不住，竟走到一处，有青草数亩、清水一池，在此休息一日。又走两日，方出沙漠。

玄奘出了大沙漠之后，在高昌国一带颇受优待。高昌王赠他侍从沙弥四人并金银绫绢甚多。但不久他又到了一段危险的路程，那就是葱岭北隅的凌山与印度北部的大雪山。凌山是冰雪所积聚，高入云际，登涉艰难；加以风雪杂飞，虽复履重裘，不免寒战。眠食都不得干燥之处，只好悬釜而饮，席冰而寝。七日之后方始出山，同伴冻饿死的已有一小半，牛马死得更多。大雪山路途的艰危，更甚于沙漠与凌山。这里凝云飞雪，没有一刻的晴天。有些地方，平地积雪深至数丈。在雪山中凡行六七百里。

过了雪山，是北印度，再走就到中印度。玄奘到处瞻礼佛陀圣迹，访问名僧，抄写经卷，欢喜得像小孩子初次到市场一般。但是乐极生悲，在中印度某处渡河时，被一群强盗捉住。强盗们信一种教，每年要杀一个"质状优美"的人祭他们的神。现在捉住玄奘这样一个白净和尚，就要用作牺牲。乃先于岸上树林中和泥筑坛，拔刀相待。同伴都吓得大哭。玄奘全不畏惧，礼拜诸佛后，从容上坛。众贼正惊异，忽然黑风四起，折树飞沙，船也漂覆。贼有点害怕，问玄奘的同伴，知道他是中国来的僧人。同伴又说"这大风正是天神瞋怒的表示"，贼众才把玄奘放了。

玄奘遍游东西南北中五印度，到处学习梵文，讨论教义；学识日进，声名渐起，终于被印度的佛徒奉为大师。中印度的戒日王于是把他迎去开会说教，参加的僧人就有六七千。会中有人把玄奘所作的论文读给大众听。玄奘又另写一本，悬在会场门外，声明若其间有一字无理，能驳倒的，请断头相谢。始终无一人发言。

大会完后，玄奘告辞回国，计贞观三年他从长安出发，贞观十九年回到长安，历时十六年。

（三）

玄奘回唐时，太宗正预备亲征高丽，已经东到洛阳，听说玄奘回国，就派大臣去欢迎。

玄奘入长安时，欢迎的官吏百姓真是万人空巷。玄奘带来的经像，只说高二三尺的金银棱佛像就有六七座，如来肉舍利（舍利是佛死后焚尸残余的骨肉颗粒，极为佛教徒所尊敬的）一百五十粒。佛典五百二十夹，六百五十八部，用二十匹马驮到。定日迎入弘福寺陈列。参加送经像的官民又极多，十数里内，都有人拥挤着。管理的人，怕人多了互相腾践会出危险，都限令站立路旁，于当处烧香散花，不许移动。这一日空中烟云绕缭，街上奏乐赞响之声不绝。

玄奘谒太宗于洛阳，谢罪。太宗问玄奘西行的经过，十分钦佩。又看玄奘很有才干，劝他还俗同去征辽东。玄奘固辞，请求还长安设立译场，翻译佛经。因太宗的赞助，译场终于成立了，参加的除在长安大寺的僧人以外，还有各地来的名僧。

此后玄奘专心翻译，一刻时候都不肯放过，每日自立程课，倘白日有事，不能完毕，必连夜补足，直到过了预定的地方，方肯停笔。译经之后，还要礼佛，每夜至三更才睡，五更又起来，诵读梵本，用朱笔点定次第，拟定好白天要翻的地方。每日黄昏有一定时间，讲说经典，为各处来听学僧人决疑。他又是所住寺的上座，许多琐细事情，都要亲自决定。寺内弟子百余人，满廊满屋地来请教，玄奘一一酬答，又不时与各法师讨论。还有王公贵人来礼拜的，他都亲加诱导，使他们忘其骄贵，肃敬称叹。玄奘每天如此忙碌，还是剧谈畅论，忘了疲倦。可见他的精力。

玄奘前后翻译十九年，译成的经论凡七十六部，一千三百四十七卷。

十三 杜甫

（一）

　　唐朝是诗人的黄金时代。朝廷用诗赋去考试士子，诗人很容易走上荣显的路，王公贵胄争着交结诗人，供养诗人；在华筵盛会中，在歌台舞榭里，把他们奉作上客。他们的作品，早上写就，晚上便会传遍了长安的"教坊"。多少娇滴滴的歌喉会唱着他们的佳句！多少温柔的心会羡慕地暗记着他们的姓名！爱好诗歌的风气不仅限于上层社会，并且普及到民间。一个幸运的诗人会在穷乡僻邑中发现他自己的诗被写在寺观、旅店或村塾的墙壁上；会在市廛里巷中听到他自己的诗被人咏歌；会在不相识的人群中听到他自己的诗受

杜甫像　出自《芥子园画谱》

人夸赞。

在这时代里，却有一个穷愁终身的诗人，他应"进士"试没有及第，他的作品不曾流传到教坊或市井；然而他却是唐朝最伟大的诗人，或者竟是我国历来最伟大的诗人，他被后世尊为"诗圣"。这便是杜甫。

杜甫，字子美，洛州巩县（今河南巩县）人，生于玄奘死后四十八年，即公元七一二年。

在唐代诗人中，他咏及自身经历、社会状况的作品最多，故此有"诗史"之称。我们正好从他的诗里考见他的生平和他的时代。

杜甫的诗才很早就表现出来。自述道："七龄思即壮，开口咏凤凰。九龄书大字，有作成一囊。"又道："往昔十四五，出游翰墨场。斯文崔魏徒，以我似班扬。"崔魏并是当时名士。班扬指东汉的班固和西汉的扬雄，皆是文学史上的重要人物。

但他尽管年少峥嵘，自从二十一岁应进士试落第后，一直潦倒了二十多年，中间时而流浪四方，时而穷居长安。这是他中年的自叹："骑驴三十载，旅食京华春。朝叩富儿门，暮随肥马尘。残杯与冷炙，到处潜悲辛。"

到了四十三岁的一年（天宝十四年），因为以前进献了三篇赋得到玄宗皇帝的赏识，才补了"右卫率府胄曹参军"，即太子侍从武官属下的一员小吏。这是一个十分闲散而穷苦的差使。此时他已有妻子，但穷到不能在长安住家，只得把妻子寄顿在近畿的奉先县。就在这一年的十一月初冬，他到奉先去看望妻子，刚入门便听见哭声，原来他的幼子已经饿死。

（二）

杜甫的少年和中年正当玄宗皇帝的开元、天宝年代。这是唐朝极盛的时期。从太宗即位之初到这时期之末，中间继续了一百二十多年的升平。后来杜甫追述这个时期道："忆昔开元全盛日，小邑犹藏万家室。稻米流脂粟米白，公私仓廪皆丰实。九州道路无豺虎，远行不劳吉日出。齐纨鲁缟车班班，男耕女桑不相失。宫中圣人奏云门，天下友朋皆胶漆。"

不过这太平盛世里，实隐藏着不少的血泪。杜甫自身的经历不用说了，他这次回到奉先后，从自己的哀痛，联想到普遍了社会下层的悲惨，反衬着社会上层的骄奢，因此写了《自京赴奉先咏怀》一首长诗，把这时代的黑幕揭穿了。这诗中的警句有道："彤庭所分帛，本自贫女出。鞭挞其夫家，聚敛贡城阙。"又形容贵人的享乐道："中堂舞神仙，烟雾蒙玉质。暖客貂鼠裘，悲管逐清瑟。劝客驼蹄羹，霜橙压香橘。朱门酒肉臭，路有冻死骨。"

在开元、天宝的"盛世"，一般诗人的工作是赞美朝廷，阿谀权贵；是给乐工舞女作歌词，供王公大人的娱乐；是"嘲风月，弄花草"，或梦想神仙的境界，以消磨闲暇的时光。注意到被践踏在社会下层的人们，拿诗去替他们诉怨苦，鸣不平，杜甫是头一个。

《自京赴奉先咏怀》诗的墨还未干，大乱便降临唐帝国。就在这年十一月中旬，安禄山在河北作反的消息传到长安。接着洛阳被毁（唐以洛阳为东京），接着潼关失守，接着玄宗逃难四川，接着长安陷落。

安禄山及其余党的叛乱虽然在八年之内先后被平定，但从此唐帝国的面目改变了；从此拥兵据地的军阀，即所谓"藩镇"者兴起了。往后一百四十多年间，叛乱连绵不断，藩镇的权力渐渐扩大，藩镇的数目渐渐增加，唐帝国的地盘和权力渐渐缩小，直缩至名实俱亡为止。

话说回来，玄宗逃到四川后，惊魂才定，便传位给太子。太子在甘肃的灵武即位，是为肃宗。杜甫在长安贼中冒险逃出，跑到灵武谒见肃宗，补了个六品的谏官，叫作"左拾遗"。这是他仕途中最得意的时候了。但不久因为强谏得罪，几乎丧命。

接着畿辅闹饥荒，他流转山谷间采橡实、黄精之类过活，儿女饿死数人。后来流落到四川。适值故人严武镇守西蜀，把他招入幕府。他在西蜀住了六年，中经两次变乱。严武死，四川又乱，他举家避难到湖南，湖南又乱，他就在流离中病死，年五十九。

杜甫的诗友中，最值得提及的是陇西（今甘肃）

李白。他在当时的诗名，远在杜甫之上，后人却以李杜并称。宋朝的大诗人王安石批评他们道："太白（李白字）的歌诗豪放飘逸，固不可及；但他的格调止是如此而已，不知道变化。至于子美，则悲哀或欢愉的，豪放或谨严的，发扬或蕴蓄的，急促或舒徐的，无施不可。所以他的诗，有的平淡简易；有的绮丽精确；有的严重威武，像三军的主帅；有的奋跃驰骤，像放步的骏马……"要透彻地了解这番话，只有熟读两家的诗集。

（原载《大公报·史地周刊》第 130、131、139 期，1937 年 4 月 2、9 日，6 月 4 日）

五代末年，偏方割据诸国，多微弱不振。契
丹则是新兴之国，气完力厚的，颇不容易对付，
所以宋太祖要厚集其力以对付他。契丹的立国，
是合部族、州县、属国三部分而成的。属国仅有
事时量借兵粮，州县亦仅有益于财赋（辽朝的汉
兵，名为五京乡丁，只守卫地方，不出戍）。只
有部族，是契丹立国的根本，这才可以真正算是
契丹的国民。他们都在指定的地方，从事畜牧，
举族皆兵，一闻令下，立刻聚集，而且一切战具，
都系自备。马既多，而其行军又不带粮饷，到处
剽掠自资（此即所谓"打草谷"）。所以其兵多而
行动极速。九八二年至一〇三〇年圣宗时为辽全
盛之世。

寇准像

宋朝若要以力服契丹，非有几十万大兵（能够连年出征，攻下了城能够守，对于契丹地方，还要能加以破坏扰乱）不可。这不是容易的事，所以宋太祖不肯轻举。而宋太宗失之轻敌。灭北汉后，不顾兵力的疲敝，他便要一劳永逸地乘胜直取燕云。这十六州的国防要区一天不收回，他的帝国一天不能算是"金瓯无缺"。但是他的部下，上至大将下至兵卒都指望太原攻下之后，可以暂息汗马之劳，同时得到一笔重赏，回家去享享太平福。太宗却不这样想。将士有了资财，哪里还可能卖力去打仗？不如等燕云收复后才给他们一起颁赏也不迟。而将士贪赏求逸的隐衷又怎能向皇帝表示？在迅速地"宸断"之下，太宗便领着充满了失望心情的军队向东北进发。一路所经，易州和涿州的契丹官将先后以城降。不到一月便抵达幽州城之重镇。独有一契丹大将，自告奋勇，请兵赴援，领兵夤夜兼程，从间道兜到宋军的后方，席卷而北。宋军仓促应战于今北平西直门外的高梁桥一带，立时大败，四散逃窜。幸而契丹主帅受了重伤，不能穷追。宋之败军复集后找寻太宗不得，只当他已死。正议拥戴太祖的儿子继位间，却发现太宗只身乘驴车遁归，大腿上中了两箭（十八年后他就因这伤口的发作而死）。

高梁桥之战以后，宋辽边境上的冲突，断断续续地拖了二十几年，彼此都无大进展（京戏中有名的"杨家将"就是在这时代出现的）。太宗于死前三年（九九四），正当李顺乱事未平之际，曾两次遣使往契丹议和，都为所拒绝。真宗咸平六年（一〇〇三），宋殿前都虞候王继忠孤军力战，为契丹所俘。他本是真宗藩邸的亲信，骁勇著名。契丹摄政太后萧氏，很器重他，授以高官，配以贵女。他既荷新宠，又感旧恩，一心要促成宋辽的和好。萧后和她朝中的领袖们对于边境的拉锯战，也未尝不感厌倦，但怎肯平白休兵？次年，他们率领倾国的军队南下，同时由王继忠出面与宋朝通书约和，真宗用宰相寇准的定策，一面严密布置守御，并亲至澶渊（今河北濮阳县西南）督师，一面遣使赴契丹议和。契丹攻瀛州城不下，而其进迫澶渊的前锋的统帅（即去年擒王继忠者）又中伏弩死，两方久战且议的结果便是所谓"澶渊之盟"。媾和的条件载于两方交换的誓书内，兹将宋方的誓书录下：

维景德元年，岁次甲辰，十二月庚辰朔，七日丙戌，大宋皇帝谨致誓书于大契丹皇帝阙下：共遵成信，虔奉欢盟，以风土之宜，助军旅之费。每岁以绢二十万匹，银一十万两，更不差使臣专往北朝，只令三司差人搬送至雄州交割。沿边州军，各守疆界；两地人户，不得交侵。或有盗贼逋逃，彼此无令停匿；至于垄亩稼穑，南北勿纵惊骚。所有两朝城池，并可依旧存守，淘壕完葺，一切如常。即不得创筑城隍，开拔河道。誓书之外，各无所求。必务协同，庶存悠久。自此保安黎献，慎守封陲。质于天地神祇，告于宗庙社稷。子孙共守，传之无穷。有渝此盟，不克享国。昭昭天鉴，当共殛之……

据说，宋方的使人临行时，真宗吩咐他道：若不得已，许与契丹的岁币，不妨添到一百万。寇准却把使人召来，对他说：虽有御旨，若许过三十万，我便砍你的头。其后使人定约回来，真宗正在幕内用膳，不及召见，先差太监去探问。使人在幕外，不便扬声，只把三个指头向额上一点。那太监当为三百万禀报，真宗听了道：太多，也罢，姑且了事。

澶渊之盟后，宋朝边境保持了三十年完全的和平。然毕竟以岁币成和（银十万两，绢二十万匹）。宋朝开国未几，国势业已陷于不振了。假使言和之后，宋朝能够秣马厉兵，以伺其隙，契丹是个浅演之国，他的强盛必不能持久，亦未必无隙可乘。宋朝却怕契丹启衅，伪造天书，要想愚弄敌人（宋朝伪造天书之真意在此，见《宋史·真宗本纪·赞》）。敌人未必被愚弄，工于献媚和趁风打劫、经手侵渔的官僚，却因此活跃了。斋醮、宫观，因此大兴，财政反陷于竭蹶。而西夏之乱又起。

（据张荫麟著《两宋史纲·北宋的外患与变法》补）

（一）

澶渊之盟前一年，西夏攻占灵州（今宁夏灵武县西南），盟后二年，又复就抚。是时西夏之于宋边，远不过是癣疥之患。至仁宗明道元年（一〇三二），赵元昊（赵是太宗时赐姓）即位，而形势大变。元昊从小就是一个异凡的人物，不独精娴武事，并且通蕃（盖指藏族）汉文字，从法律书、兵书，以至佛典，无所不读；又能绘画，能出新意创制器物。他劝其父不要臣属中国。其父说："我们三十年来，周身锦绮，都是宋朝所赐，怎好负恩？"他说："穿兽皮，勤力牧畜，是蕃人的天性。大丈夫要为王为霸，锦绮算什么？"既

范仲淹像　出自《三才图会》

即位，模仿宋朝制度，改革政府组织。自创西夏字根，命人演成西夏文字，又命人拿来译《孝经》《尔雅》《论语》等书（西夏文译的佛经和其他西夏文书现在还有留存）。他有蕃汉兵十五六万，仍都兴州（今宁夏省会）；西取回鹘的沙、瓜、肃三州（并在今甘肃河西），东南寇宋。他即位之初已私自改元，第七年（一〇三八），便正式称帝，定国号为大夏。此后，宋在今陕西黄河近岸，延水流域，以迄甘肃的环县、庆阳、径川、固原一带的边境上，和西夏展开四年的苦战。宋方的主要将帅是安阳人韩琦和苏州人范仲淹。

范之参与这次军事，原是由韩的举荐，但初时二人的战略根本不同，韩主张集中兵力，深入进攻，一举击破敌主力，他也知道这是冒险的事，但他以为"大凡用兵，当置胜败于度外"。范却以为"承平岁久，无宿将精兵，一旦兴深入之谋，国之安危，未可知也"，"为今之计，宜严戒边城，使持久可守；实关内（即关中），使无虚可乘；若寇至边城，清野不与大战。关中稍实，（敌）岂敢深入？二三年间，彼自困弱"。他又主张军事与外交并用，亲自作书，劝元昊罢兵称臣，时人都以他为怯。

庆历元年（一〇四一），韩琦巡边至镇戎军（今甘肃固原），派兵数万，深入敌后，窥取羊牧隆城（今甘肃隆德附近）。所遣的统领官贪利轻进，陷入敌人的大包围中，全军尽覆。兵士阵亡的，据当时边庭的报告，也有一万零三百人。这是宋与西夏战役中最惨的败仗，内外为之震撼。契丹乘这机会，蠢蠢欲动，次年便向宋朝提出割地的要求。宋朝只得增加岁币银十万两、绢十万匹（加原额三分之二），以为宽免割地的代价。经这一役的教训，韩琦只得接受范仲淹的清野固守政策。从此二人同心协力，做持久计。二人皆名重一时，人心归向，又皆号令严明，爱抚士卒，对近边的羌人部落，也推诚相与，恩威并用；士卒用命，羌人感畏，边境渐安，边民为之歌唱道：

军中有一韩，西贼闻之心胆寒！
军中有一范，西贼闻之惊破胆！

这两位使西贼"心胆寒""惊破胆"的大将可都不是雄赳赳的武夫，而是温雅雍容的儒者。那羌人尊称为"龙图老子"（因为他带"龙图阁直学士"衔）的范公，并且是一代的作手，他这时在军中的歌咏，为宋人所传诵的，兹录一首如下：

> 塞上秋来风景异，衡阳雁去无留意。四面边声连角起，千嶂里，长烟落日孤城闭。　　浊酒一杯家万里。燕然未勒归无计。羌管悠悠霜满地，人不寐，将军白发征夫泪。

宋朝虽守住了西北边境，却谈不到犁庭扫穴。因为采取防堵的战略，需要兵力特别多。自对西夏用兵以来，禁军从四十余万增至八十余万，军队的维持费自然照这比率增加，而战时的非常支出还不算。政府虽把税收入增到无可再增（例如以较真宗景德时，商税酒税皆增四倍余，盐税增一倍余），仍不敷甚巨，只得把太祖太宗以来的储蓄，拿来支用。到西夏事定时，"百年之积，惟存空簿"了。朝廷对元昊自始就没有关闭和平的路，只要罢兵称臣，在相当限度内，银绢是不吝惜的。元昊见宋边无隙可乘又适值国内发生严重的天灾，便于庆历三年遣使来讲和。

（二）

范仲淹自从读书应举时，便"以天下为己任"。他常说："士当先天下之忧而忧，后天下之乐而乐。"远在仁宗天圣三年（一〇二五），即元昊僭号之前十三年，当他任大理寺丞（年三十七，登进士第后十年）时，他已看见国家隐伏的危机，上书朝廷，倡言改革。但他这富于预言性的奏书，竟未曾发生一点实际的影响。

庆历三年，当元昊使来，西事大定之后，仲淹被召入朝为枢密副使，旋任参知政事。一时朝野倾心瞩目。他于就职的次月，上了一封"万言书"条陈兴革事宜十项。这十项中除关于民生的两项（厚农桑，减徭役）外，其余大旨不出天圣三年的建议的范围，不过比从前更为周详，更为具体罢了。现在把其中比较最重要的六项归入四纲领，节述如下：

1.关于国防建设的，恢复唐朝的府兵制："先于畿内并近辅州府招募强壮之人，充京畿卫士，约五万人，以助正兵，足为强盛，三时务农……一时教战。"

2.关于民生的。（甲）厚农桑；（乙）减徭役。

3.关于科举制度的："考较进士：以策论高、词赋次者为优等，策论平、词赋优者为次等。诸科，经旨通者为优等，墨义通者为次等。"

4.关于用人行政的。（甲）明黜陟；（乙）抑侥幸。请废圣节恩荫之例，其余恩荫的优待，亦大加减损。

仲淹任参知政事不满一年，便在怨谤丛集之下，不安于位而去。他所提出的改革方案中，复府兵一项，因其他大臣一致反对，谈不到实施；变科举一项，已完全实行，但他去职后不久旧制又被恢复；其他各项，若不是未及着手，便是才开了一点端绪，便因他的去职而停息。

他去职后，出巡西北边，其后历知州郡，八年而殁（一〇五二），谥文正。

（三）

仲淹字希文，二岁丧父，其母携他改嫁长山（在今山东）朱氏。初从朱姓，名说。至二十九岁，始复本姓，定今名。

年二十一，中"学究"科。继后读书于长山的山寺中，这时他的生活很清苦，每日煮一锅粥，划为四块，早晚取两块，加上几茎荠菜和一些盐便算一餐。年二十三，得知自己的身世，立即带着琴剑，离开朱家。其母派人追及他，他说："十年后，等我中了第，再来迎接母亲。"他投入南京（宋以商丘为南京）的府立学舍，在学舍中更加贫乏，有时连饘粥不饱，夜间被盖不够，就和衣而睡。真宗巡幸南京学舍，生徒皆往观看，他独不出。南京留守的儿子和他同学，见他的情形和留守谈及。留守命人送了他好些肴馔，他收下，却一直等到腐败也不一动。留守的儿子问故，他说："并非不感谢厚意，可是食粥已久，安之若素，一旦享受了这佳肴，以后吃粥还吃得下么？"

年二十七，登进士第。初仕为广德军司理参军（法官），常为断狱事和郡长官争是非。长官每盛怒临他，他一点也不摇动，归去便把和长官往来辩论的话记在屏风上，等到满任，整幅屏风都写满了。后来知开封府时，有一宦官，倚势作威，中外畏惧，他独抗疏弹劾；自知此事危险，疏上之后，嘱咐诸儿子：他若不幸，以后他们不可做官，但在他墓旁设馆，教书度日。

他虽显贵，常以俭约表率家人；非宴客，食不重肉；每夜就寝前，自计一日间自奉的费用和所做的事；若觉得两者可以相当，便熟睡，否则终夜不安，次日必设法做一有益于人的事以为抵补。他为次子娶妇，听说妇家以纱罗给她做帷幔，便怒道："罗绮岂是做帷幔之物？我家一向清俭，怎得乱我家法？若敢拿来我家，必定把它当众烧掉。"

他的起人景慕的逸闻轶事，可以写一本书，这里所选择的只代表他的不移于贫贱、不淫于富贵、不屈于威武的性格，即孟子所谓"大丈夫"的性格。

（据张荫麟著《两宋史纲·北宋的外患与变法》补）

十六　王安石

（一）

　　仲淹死后八年，当仁宗嘉祐五年，王安石（时年四十）自江东提点刑狱，任满应召，赴阙也上了一封"万言书"，他也觉得国家的现状非变革不可，但他认为变法的先决问题是人才的问题。为什么人才这样缺乏呢？他以为由于"教之、养之、取之、任之"不得其道。要变法，积极方面当从政治和军事教育的普及化做起；消极方面当首先废除以文辞和记诵取士的科举制度。但他这封书的效果和三十五年前（天圣三年）范仲淹所上的那封书一样。

　　仁宗在位四十二年，无子，以从侄继，是为

王安石像

英宗。英宗在位四年，其子继，是为神宗。

神宗即位时才二十岁（以足岁计还未满十九岁）。他是感觉异常敏锐的人，立志要兴振中国，收复燕云的失地，湔雪祖宗的耻辱。以稚年临御，承积弱之后，而发奋图强，在这一点上，他和汉武帝正相符同（他即位时比武帝长三四岁）。他一生的事业也似乎隐隐以武帝为榜样。但他的福命不如武帝：武帝寿六十九，他寿仅三十八。他所处的时代也和武帝所处的大不相同。武帝初年，当长期休息之后，公家的财力绰裕盈溢；而神宗即位时，不独府库虚竭，国计也濒于入不敷出了。

神宗做皇子时，对王安石久已心仪神往。他即位时，安石方以前知制诰的资格，闲住在金陵。他正月即位，闰三月便命安石知江宁府，九月便命安石为翰林学士；其后三年间，安石遂历参知政事而至宰相。

这王安石是江南西路临川县人。他少年时代的优裕顺适和范仲淹恰成对照。据说他的"眼睛如龙"，读书过目不忘。他二十四岁便登进士第，本取第一，因赋卷中语犯忌讳改置第四。可是他一生从没有和人谈及这件得意的失意事。他的诗文在文学史上都属第一流，并且为当代文宗欧阳修深所心折。欧初识他时，赠他的诗有"翰林风月三千首，吏部文章二百年"之句，直以李白、韩愈相拟。

他不独以文名，德行、政事也无不为侪辈所推服。他官知制诰时，他的夫人给他买了一个妾，那是当时达官应有的事，安石见了她，就问："哪里来的女子？"答道："夫人叫我来侍候舍人的。"问她的来历：原来她的丈夫是一个军校，因运米损失，家产入官，还不够赔，便把她卖掉，得价九十万钱。安石立即命人把她的丈夫找来，让他们复为夫妇。

他官知制诰后，居母丧，年已四十余，却尽极哀毁，在厅堂里以槁秸席地，坐卧其上。有一天，某知府给他送一封信，那差人看了他的样子，只当他是一个老仆，叫他递入内宅。他在槁席上拿了信就拆。那差人嚷骂道："舍人的信，院子也拆得的么？"左右告诉差人那就是舍人！他于书卷外，一切嗜欲都异常淡薄，对衣食住都漠不关心。

后来毁他的人便说他"囚首垢面而谈诗书"。

他于荣禄也未曾表现过一点兴趣。宋朝的"养馆职"（"三馆"是国家的图书馆和史馆）是朝廷储才待用的机关，地位极清高，也是仕宦上进必由之路。照例进士名列前茅的，初仕任满后可以请求考试馆职。他却不去请求。再经两任（三年一任）外官之后，大臣荐他去考试馆职，他也不赴。再历一任外官之后，朝廷直接授他馆职，他也不就。再经一任外官之后，朝廷又授他以更高的馆职，他于屡辞之后，才勉强俯就。但他不是没有办事的才能。他在政治上的好处后来的史家极力埋没，但我们于他早年的政绩还可以找得一例：他知鄞县任满后，县人就给建立生祠。

这样一个德行、文章、政事的全人，他在仕途愈懒于进取，朝野的有心人愈盼望进取。当他给仁宗上"万言书"的时候，他久已声满天下。可是到了他由江宁知府，而翰林学士，而参知政事，而宰相，一直猛跳的时候；到了天爵和人爵极备于他一身的时候；先进和后进的同僚，包括那正人君子的领袖司马光，都不免对他侧目而视了。

（二）

神宗在王安石的辅导下所行的新法，现在择其重要的，分经济、军事、教育三类，每类依颁行的次序述之如下。

1. 经济

（甲）青苗法（熙宁二年九月颁布）其法：各地方政府，每年两次举行放款，听人民自由请贷，半年为期，取息二分。这种贷款叫作"青苗钱"，因每年第一次散放是在苗青的时候。此法初行时，官吏邀功，每强迫富人称贷，这叫作抑配，后立法严禁。二分的利息，现在看来，似乎不轻，但在当时，因为通货稀少，民间的利息很高，以五分为常，甚至有一年倍本的。此法固然是政府的生财之道，也是感觉青黄不接之苦的农民的一大福音。以重利盘剥为业的豪强对此法的痛恨是很容易了解的，但司马光所代表的一班士大夫对此法之原则上的反对是比较不容易理解的。

（乙）农田利害条约（熙宁二年十一月颁布）。

这法令的实效是：截至熙宁九年止，全国兴修的水利田共三十六万余顷。但反对党在这事实下注下一句道："民给役劳扰。"

（丙）募役法（熙宁三年十二月颁布）。这为安石经济政策中最先急的项目。其法要点：是令本来有徭役义务的人民，输钱代替，这叫作"免役钱"；官户（即仕宦之家）、寺观、女户，等等，本来没有徭役义务的也令出"助役钱"，其数比免役钱减半。募役法对平民是有史以来一大解放，唯官户不免因之蒙受一点小小的损失，其遭受士大夫的反对是势有必至的。

（丁）市易法（熙宁五年三月颁布），此即汉武帝时的平准法的扩大。平准法只行于京师，市易法则推行于京师以外。反对党反对此法的理由是："与商贾争利。"

2. 军事

（甲）保甲法。此法实即旧有乡兵制的改良和扩大。在安石的军事计划中，保甲法原是恢复府兵制以代替募兵制的准备。

（乙）保马法（熙宁五年，元丰七年）。此与汉武帝时之"马复令"（许人民养官马以减免徭役）相近。

（丙）更戍法的废除（熙宁七年至元丰四年）。更戍法本以防止兵为将有，但结果"兵不知将，将不知兵，临事应变，精神散漫，指挥不灵"。神宗和安石有鉴于此，逐渐于各路的军略要地取消更戍法，而设置固定的驻防禁军，由固定的主将，就地训练。这种驻防军的设置，当时称为"重将"。"将"是当时军队新编制中的一种单位，一将约有三千人上下，仿佛现在的一师。

3. 教育

（甲）变科举（熙宁四年）。罢进士以外的"诸科"（诸科是专考记诵的）；进士试废诗赋，专用经义策论。

（乙）变学制，兴学校。仁宗庆历四年，当范仲淹为参知政事时，曾令州各县皆立学校，"本道使者选部属官为教授，员不足，取于乡里宿学有道业者"。但当时诸州奉行的不多，其后又限旧时节度使所领州方得立学。熙宁四年，复令各路、州、府立学，每郡给田十顷以赡养学生。其后又派定诸路的州府学教授凡五十三员。

（丙）三经新义的纂修和颁行。所谓三经是《周官》《书经》《诗经》，新义始修于熙宁六年，颁行于八年，主纂的人物为王安石、其子王雱和安石最得力的助手吕惠卿。三经新义乃安石对付敌党的思想武器，也是他所谓"一道德、同风俗"的工具。

以上分类略述神宗的新政见。此外还有一要项为这三类所不能包括的，即元丰三年新官制的颁行。这新官制大要是恢复唐代台省寺监的实权，而裁减宋朝在这组织外所加的上层机构。

安石自熙宁三年（一○七○）杪进位宰相后，诋诬怨谤，矢集一身，腹背亲交，尽成政敌。似乎为减少新法的阻力计，并为劳极少休计，他于七年四月，请求解职，奉六上乃得请，归居金陵。临去，他荐吕惠卿等自代（惠卿旋擢参知政事），并答应他日可以重来。次年二月，神宗召他复位，他即兼程而至。但复位不到两年，便又坚请退休，从此不复问政。

他最后告退的原因，是宋史的一个谜。据反

对党的记载，那是因为他和吕惠卿起了内讧，惠卿把他的私信中有一封说过"毋使上知"的，缴呈神宗，神宗从此对他失了信任，他不得不去。安石复位后不久，便与惠卿失和，那是事实，但发私书一事，并无确据。安石与惠卿交恶的原因也是宋史的一个谜。这一段历史安石在《熙宁奏对日录》的后四十卷中原有详细的记载，但这四十卷给他的女婿蔡卞抽毁掉，不传于世。据吕惠卿家传（李焘引），二人的冲突是由于安石恶惠卿擅政，改了他所定的三经新义，并听信了左右的谗间。这当然只是一面之词。

至于安石引退的原因，我们在加以推测时，不可忘却此事前三个月他所受的一生最大的打击：他的独子王雱的英年（卅三）摧折。这时他已五十六岁了。他退休后隐居金陵十年而死。

自古功名亦苦辛，行藏终欲付何人？
当时黮闇犹承误，末俗纷纭更乱真。
糟粕所传非粹美，丹青难写是精神。
区区岂尽高贤意，独守千秋纸上尘。

王安石像　徐燕孙绘

从安石这首诗看来，他身后的遭遇，自己是预料到的。

安石死迟神宗一年余是他的大不幸。神宗死后，长子（即哲宗）继位，年才十岁，太皇太后（英宗后高氏）垂帘听政。她一向是司马光的同志，认祖宗家法为神圣不可侵犯的；她一听政，便开始废除新法，旋起用司马光。一个被宫墙圈禁了五十年的老妇人（她是自幼养在宫中的）和一个被成见圈禁了二十年的老绅士，同心合力，挥着政治的锄头，期年之间，便把神宗和安石辛苦营构的成绩芟除得根株尽绝。

（据张荫麟著《两宋史纲·北宋的外患与变法》补）

十七 宗泽与孟琪

正当宋徽宗（一一○一至一一二五在位）求仙访道起离宫、修法事的时候，住在混同江、长白山一代的女真部落酋长完颜阿骨打崛起称帝，国号大金。趁着辽国的衰弱，连年进攻，辽主害怕，派人册立阿骨打做皇帝。阿骨打说："皇帝我自己会做，不要你费心。"不肯讲和。女真部落原来附属于辽，以渔猎为主，强悍善战，辽国人曾说："女真兵若过一万，便无敌于天下。"这时金国国力越来越强，辽国简直不能抵抗。

宋和辽是世仇，从宋真宗以来，列朝的君主，都低头忍气，受辽的侮辱。虽然已有准备用武力

宗泽像

收回失地报仇雪耻的心，只是强弱悬殊，急切奈何它不得，不敢轻动。这时徽宗宠用的王黼和太监童贯，便想利用新换的金国，派人从海道到金国去订约，合力灭辽——以收回燕云十六州为条件。此一来为他们自己立功，二来也替国家恢复疆土。约定后，金兵节节胜利，不久就打破了燕京。宋兵却反接连为辽所败，不敢前进。金人就借口宋人失约只肯交还燕京及山前六州，把子女玉帛掳掠一光，只留下七所空城。辽将张珏（又作毂或觉）降金后，又以平州归宋。金人以为失约，遣使来索叛臣。宋没有办法，只好杀珏送去。辽将卒降于宋者，因此都纷纷解体。金人又来讨所许的粮，宋又不给，金人大怒。宣和七年（一一二五）金灭辽后就大举南下。降宋的辽将郭药师以燕京降金，又做先导，悬军深入，势如风扫落叶一般，渡过黄河直指汴京。

徽宗见金兵来了，吓得手足无措；即刻传位于太子，是为钦宗；自己做太上皇帝，带着童贯一班佞臣，连夜向南逃去。钦宗留守汴京，诏四方兵勤王，一面派人与金议和，答应割中山、太原、河间三镇和赔款，并称金主为保大金皇帝。金人见勤王兵，不能取胜，就应许讲和退兵。金兵一退，太上皇又回京城。勤王兵也都遣散了。朝廷又生议论，有的说三镇应割，有的说不应割。三镇的百姓却都不愿做亡国奴。朝廷议论未定，金兵又引兵杀来。宋恃有议，一点儿也不准备。主张用兵抗敌的，都被排斥。金人把汴京包围以后，政府还是一意求和。金人不听，围城愈急。政府听信一个名叫郭京的流氓的话，让他练六甲神兵，说是一作法，便可令敌人退走。到事急时，政府逼郭京出兵，一出城便全军覆没，他也一溜烟跑了。汴京遂陷。金人把金帛搜刮一空，把两个老少皇帝和六宫宗室三千多人以及国家的图籍实物，当战利品一起带走了。

在勤王的领袖中，有个忠勇无敌的将领叫宗泽。他是非常痛恨和议的。皇弟康王入金为质时，经过宗泽防地，他竭力劝康王留下领导抗敌。金人知道宋人不易征服，就利用分化的办法，立宋臣张邦昌为帝，叫他在中间做一个傀儡，坐收渔人之利。宗泽听了这个消息，首先就拥立康王为皇帝，是为高宗。并宣布张邦昌罪状说："你是中国人，甘心做汉奸，做傀儡，中国人都要杀死你！"张邦昌一见大事不妙，也就趁势下台。

高宗左右的人，因为宗泽是主战派，不让他当权，却叫他做汴京守。其时京城残破，十室九空，宗泽收集流亡，安抚居民，修理城池，渐复旧观。先前四方勤王兵到京城后，政府忽战忽和，金兵才退，又把他们解散了，有些无处可归的，就流落为盗，加上流落失业的难民，声势十分浩大。宗泽亲自去见这些盗首说："你们本为救国而来，被朝廷政策而误。我现在决心与敌作战，你们肯来帮助我吗？"众盗贼都慷慨感激，率众投降。宗泽赏功罚罪，纪律森严，和兵士一样生活，兵士视他如父母。军势大振，屡破金兵，金人害怕，呼他为宗爷爷。他看见兵力和民心都可用，屡请高宗回京，却不料高宗比他的父兄更加懦弱不济，只要有皇帝做，也不管国仇和家耻，一心只想讲和，平平安安地过日子。宗泽却极力反对说："事到如今还说得上和吗？我国吃讲和的亏也够了！金人说和，全是骗人。如今北方民气大涨，一心报仇，政府若再讲和，民心就瓦解了。"高宗置之不理，一面求和，一面向南逃。宗泽又上表说："国家即使不建都汴京，也应在蓟、襄上游形胜之地建都，也好指挥军事。敌人来了，以便应付。为什么逃到江左，使敌人知道我国无复仇之志。近来我收复的兵力也可以用了，趁我还能打仗之时，让我替国家报仇吧！"高宗反下令绝对不许与金人打仗。宗泽这时年已七十，速上疏章十几次，劝高宗发愤报仇，舌敝唇焦，一无效果。敌人纵横南北，皇帝东奔西窜。他极力主张不屈服的抗战，他要求用他的兵力收回失地，却被朝廷中人笑为发疯。那时高宗左右的大臣，都不敢信国中有抵抗金人的能力，所以总是委曲求全地向金人讲和。宗泽扣留了金国使臣，恨不得把他们杀死，朝廷反下诏令宗泽把金使释放，免得得罪金人。宗泽因此忧愤成疾，临死的时候还反复念着"出师未捷身先死，长使英雄泪满襟"这两句诗。他的儿子在旁边哭，他只勉励他努力报国，一句家事也不提。最后忽然抬起头来，大喊道："杀过河去！杀过河去！杀过河去！"后就颓然倒卧，气绝身死。

（二）

宗泽死后，金人又长驱渡淮，打过长江，把高宗赶到海里，漂海逃难。他抱着不抵抗主义，一味退避。虽然有许多人愿意打仗，而高宗无意恢复，定都临安。听信秦桧的话，向金人称臣，割淮水以北地方，岁贡银，和金人讲和。当时有个大将叫岳飞，已经恢复了河南，以五百骑败金兵五十万，金人非常怕他。但因朝廷主和，诏岳飞班师。秦桧恨岳飞不附和议，把他杀了，以结金人欢心。后来孝宗即位，力图恢复，几次出兵，都不能成功。同时金人内部也发生变化，努力渐不及从前，只好把臣君之称，改为叔侄，南北和好了许多。

宋宁宗开禧二年（一二〇六）蒙古人奇渥温铁木真称帝于斡难河下，是为成吉思汗。蒙古本世世纳贡于金，至铁木真势方强盛，吞并了附近许多部落。蒙古人过的是游牧生活，每一个壮丁都是最优秀的骑兵，在作战时风驰电掣，无坚不摧，攻克城池得的所有财物，都按功劳大小分配。在几十年中蒙古铁骑征服了亚洲和欧洲的大部分，向西发展到现代的匈牙利，北到莫斯科，南到印度，欧洲人害怕了，称为"黄祸"。这时候成吉思汗见金国衰弱，有机可乘，就举兵侵犯。燕京诸地逐渐被蒙古占去。金人也只好送金帛马匹去求和。又怕蒙古威逼，迁都汴京，臣下都说迁都非计，都城一去，河北诸城不能守了，金主不听。蒙古主闻金迁都，借端起兵，把金国河北诸城全都占去，金人要求讲和，他也不肯。金主无法，退避到蔡州。固守不下，蒙古派人来和宋联合，约灭金之后，以河南地归宋，宋以为灭金报仇，欣然允诺。

那时有个勇敢善战的大将叫孟珙，镇守襄阳。金将打算迎金主退到四川，被孟珙用计截杀，大破金兵。理宗绍定六年（一二三三）孟珙奉命带两万精兵去和蒙古合兵攻蔡，这时蒙古围蔡已久，金人拼死据守，不能攻下。孟珙兵到，奋勇战斗占住了蔡州最主要的要塞。端平元年（一二三四）正月宋兵入蔡南门，招蒙古兵继入，金主自杀，金国遂亡。

孟珙像　出自《江苏毗陵孟氏宗谱》

在蒙古和宋约定合攻蔡州时，金主派人和宋说："我们两国和好了许多年，蒙古是我们的公敌。他一连灭了几十个国家，现在轮到我们了。我们应当联合一起抵抗蒙古。保全了我，也就保全了你。"宋这时一心只知报仇，不肯听取这有价值的忠告。金亡后蒙古和宋就成了邻国了。宋虽然依约出兵，尽了很大的力量。可是蒙古却并不依约把河南全部地方交还，宋人只好自己用兵攻取，接连收复了三京，蒙古反以为宋破坏和约，起兵来争。宋在出兵前没有通盘计划好，后方的粮饷接济不上，只好退兵，为蒙古所打败。从此兵连祸结，果然应了金主的话。

蒙古兵长驱南下，宋兵屡败。四川、襄阳、随州诸地相继失守，形势十分危急。孟珙这时又奉命出兵援救，所向成功，和蒙古兵三战三胜，恢复郢州、襄阳和樊城。用重兵屯守，牵制蒙古南侵的兵力。他的哥哥和弟弟这时也都领兵，和他合力抵抗蒙古，立了许多功劳。接着，孟珙在长江上游大兴屯田，一面练兵，一面开垦——士兵平时下地耕种，一到有战事，立刻起来作战。

政府靠他做长江上游的屏障。

可惜的是，政府一面在用兵抵抗，一面却又派使臣与蒙古讲和。政府征求孟珙对和议的意见，孟珙很干脆地回答说："我是武将，只知道替国家御敌，讲和之事不必问我。"极力主战，不肯退却一步。守四川时，当地长官正在闹意气，他写信去责备说："国家已经闹到这个地步，大家齐心合力来救国，还愁办不好。你们还在内讧，更有什么指望！"守江陵时，他一心一意地练兵屯田，招降在蒙古统治下的汉人。蒙古守臣已经私下约降，把蒙古给他的告身（委任状）作证。孟珙大喜，立刻请政府受降，不料政府却拒绝了。孟珙叹一声气说："我用了三十年的工夫，收拾中原人，以图恢复。如今已看是做不到了！"发愤得病而死。

孟珙死后不到三十年，襄、樊相继失守，蒙古人顺流而下，灭了宋国。

（原载天津《益世报·史学》第五十期，1937年3月21日，署名"袁震"）

十八 文天祥

（一）

宋自金亡后，就不断地受蒙古的侵略。理宗开庆元年（一二五九），元宪宗亲自领兵攻围合州，皇弟忽必烈渡淮围鄂，形势十分危急。宰相贾似道带着十几万大军出发，见元军来势厉害，不敢抵抗；暗里派人向忽必烈请称臣纳贡，割江北地求和。恰遇元宪宗死了，忽必烈要赶回去和他兄弟争夺皇位，就答应讲和，把军马急急撤退。贾似道趁此向朝廷报告，他已经把蒙古兵打退了，国家危而复安，都是他的功劳。朝廷信以为真，兴高采烈地加官晋爵，安心过太平日子了。

忽必烈即位后（就是元世祖），记起前事，派

文天祥像　出自《吴郡名贤图传赞》

使臣来订和约，贾似道怕泄露了自己的秘密，反把蒙古使臣拘囚，置之不理。忽必烈大怒，出兵围攻襄阳、樊城。一面派人来问拘留使臣之故，贾似道索性瞒住皇帝，也不派救兵，也不答复，成天躲在家里纳福，斗蟋蟀、玩古董，把国家政事都交给他的门客办理。襄樊被围五年，守将竭力死守，每一巡城就南望痛哭。城中军民，饿死大半，朝廷还是不发救兵。

蒙古攻破樊城，襄阳守将只好投降。襄樊一失，蒙古顺流而下，势如破竹。贾似道这时再也瞒不住了，只好出面勉强抵抗，一面送还拘留了十九年的使臣，一面又想照样讲和。蒙古军这时到处成功，怎么肯和？贾似道只会斗蟋蟀，从不曾打仗，尚未接战，忽然慌乱收兵，全军溃散。他抢先逃开了。蒙古大军跟着不费力地把江淮州郡，全都占领，指日就可到了临安。

贾似道失败后，朝廷束手无策，只好下诏四方勤王。谁知各地守臣，平时享受高官厚禄，一到国难当头，有的投降，有的观望，只有在江南做提刑的一位文官，他一接到诏书，立刻把家产变卖了，招募忠义之士，出发抗敌。此人姓文，名天祥，字宋瑞，江西吉州人，理宗时举进士第一，因为反对贾似道擅权误国，被贬斥到外地闲赋了许多年。这时却毫不迟疑，起兵勤王。当他出兵时，他的朋友劝告他说："蒙古军势，何等厉害！你带着这一万乌合之众，真如趋羊入虎口。济得甚事！"他说："我何尝不知道！可是眼看着国家危急，竟没有一个肯舍命赴死之人，何等痛心！我虽战死，万一能感动人心，群起救国，国家也许可以保全。我死也值得了。"到临安时，朝廷上的情形，十分混乱：一会儿派使臣到蒙古军称臣求和；一会儿又预备迁都逃难。一班大小官员，有的装病，有的告假，有的自请人弹劾他，纷纷散去。那时皇帝才四岁，他的祖母看见朝廷如此不成体统，气得在庙堂点了诏书，责备那些官员不该抛下他们孤儿寡妇，不顾国家——还是不能禁止。文天祥主张用京城所有的兵力，决一死战，朝廷反以为白白牺牲，最后还是决定投降，派人去讲条件。蒙古军已到城下，京城又无作战准备，宰相陈宜中也悄悄逃走，政府已土崩瓦解。文天祥在拜右丞相的第二天，率令出使，他明知国事已无可为，但仍存着万一的希望，见元将伯颜后侃侃而说，气度轩昂，不露一毫畏怯的意思。伯颜见他理直气壮，知为异常之人，拘留不放。第二天就长驱直入临安，把皇帝和宗室百官都送到燕京去了。

（二）

文天祥在蒙古军中得到国亡的消息，日夜图谋逃出，号召四方豪杰，以图恢复。在被拘送到北方的途中，在蒙古军森严的戒备中，在一个昏黑的午夜，终于和他的从人，在押送使人监视下逃脱了。经过千辛百险，侥幸逃到真州城下，说动守将两淮兵力，邀击蒙古后路。不料淮西守臣听信了谣传，以为他是蒙古派来说降的，下令捕杀。他又只得在蒙古和宋将双方压迫下，仓忙逃避。从人们见势不佳，大都散去。历犯万般危难，从海道到温州。这时少帝之兄益王已在福州即位，天祥奉命经略江西，凭着他的一腔忠义，赤手空拳，召集了各地义兵，和蒙古军奋死相持，几度

文天祥像　出自《南陵无双谱》

失败，妻子都被蒙古军掳去，他也毫不在意，还是继续努力恢复。蒙古军着着进逼，益王逃到广州，得病死了。张世杰、陆秀夫立他的幼弟广王为帝。入海据厓山固守。天祥在潮州正准备收复广州，作抗敌的根据，不意蒙古军猝然掩至，措手不及，又被俘囚。元将逼他招降厓山，他写了一首遗作，末后两句是：

人生自古谁无死，
留取丹心照汗青。

元将看了，知道他的志，就不强逼了，却用全力包围厓山，乘风纵火，宋军大败，陆秀夫背着广王投海死了。张世杰溃围出走，收集残部，还想抵抗，遭了飓风，不肯登陆，也投海自杀。宋亡。

文天祥在俘时，即服药自杀，不死；在被送到燕京的途中，又绝食几次，不死。到燕京时，蒙古的皇帝、宰相钦仰他的忠义，劝他投降做宰相，他正言拒绝了。被拘囚在潮湿的土室里，坐卧不肯北向，他不吃官家的饭，不受利诱，不怕威逼。元世祖知道他是绝不肯负国家变节的，爱惜他是个忠臣，囚着不忍杀他。蒙古人统一中国后，因为宋人的拼死抵抗，对待得特别严酷，不许收藏兵器，也不许集会结社，钳制得非常厉害；金人投降较早，对待得比宋人好一点（他们在地理上称宋人为南人，金人为北人，在种族又合称为汉人，看作被征服的民族）。色目人（蒙古以外各部族的总称）因为是最初投降的，帮着打仗有功，特别宠用。中央和地方的官都规定由蒙古或色目人充当。蒙古人打汉人时，不许还手，打死了也不抵命。在各地遍设戍军，把最好的土地都分给蒙古和色目的贵族。又接连地向外用兵，苛捐杂税，重复征取。汉人实在忍受不了，不断爆发革命，至元十九年(一二八二)谣传有人要劫取文天祥做领袖，恢复宋室。元世祖还不忍杀，当面劝他投降，许他做相，天祥不答，只是请死。他死后在衣带中有赞道：

孔曰成仁，孟曰取义，惟其义尽，所以仁至，读圣贤书，所学何事，而今而后，庶几无愧！

文天祥死后，汉人的反抗越发厉害，此伏彼起，都以恢复宋室相号召。七十年后，白莲教教徒韩林儿假称宋后，起兵革命，各地豪杰纷纷跟着起事。最后，韩林儿的部下朱元璋统一了全国，把蒙古人逐出，建设了一个民族自主的大帝国，是明太祖。

（原载天津《益世报·史学》第五十二期，1937 年4 月 26 日，署名"袁震"）

十九　于谦

（一）

　　洪武元年（一三六八）明太祖派两路大军北伐。兵到通州，元顺帝知道大势已去，叹口气说："我不能像宋朝徽钦二帝那样！"连夜带着六宫百官奔还老家蒙古。依旧建立朝廷，做他的大汗。他们是保全实力退出的。明太祖虽然用了几十年工夫，统一全国，可是长城以外，却依然是蒙古人的势力，时时出兵南下，想恢复失去的帝国，使中国不得不竭全国的人力财力去防守边界。

　　明太祖深知蒙古人的厉害，可又不愿把兵权交给外人，就把他的几个儿子分王在边围，捍卫国家。明成祖靖难之役后，他又不放心一些有兵

于谦像　出自《三才图会》

权的兄弟，怕他们学样造反，只好迁都北京，以首都置于国防前线，自己来阻止蒙古人的侵入。可是蒙古人过的是游牧生活，擅长骑射，幕天席地，一年到头跟着水草走，倏然而来，随时可以攻进长城，掳掠一番。中国因国防线绵五万里，不能到处防守，若追到蒙古，他又倏然而去，无影无踪，没有固定的住处可以包围，依然奈何他不得。他们又缺乏绢布块茶等等日常生活必需品，两国交战又无处买得，只好用兵来抢。以此寇边的次数愈来愈多。成祖恨极了，想出个办法，以攻为守，亲自带大兵深入蒙古，把蒙古人尽□（文中凡标注"□"者，均系原文中字迹模糊无法辨认者）往北赶，使他不得靠近边塞，前后五次亲征，虽然没有大成功，总算保持了边疆的平靖。

　　蒙古人经过几次大攻击，又不断地发生内乱，部落逐渐离散，不敢再用兵来抢，只好低头献殷勤，个别地向明朝说和，每年送上些马匹，换他们所要的货物，这叫作贡市，贡是称臣进贡，市是两边在和平的环境下通商。明朝已落得宽宏大量，赏些东西，省得用兵吃力不讨好。蒙古大汗看见他的部下都得有好处，也派人来进贡。两下里有无相通，暂时相安无事。虽然有时不免因买卖上的争执，失了和气，蒙古人又入口来厮扰掳掠一阵。过些时候，货物用完了，又赔一点小心，重新和好，照常互市。

（二）

当明英宗正统十四年（一四四九）的时候，蒙古出了一个大将叫作也先，极能打仗，又有野心，恃仗着兵强马壮，借个题目，杀入长城来。败将雪片似的来到北京。英宗很年轻，不知利害。他最亲信的太监王振，擅权舞弊，把政治弄得很糟，也不知轻重，想立一点边功来固宠立威，极力劝英宗亲征。满朝劝阻〔英宗〕都不听，带了五十万大军，匆匆忙忙地出征，还没有看见敌人，半路上先自失惊打错，军心不安。大军到大同，好些大臣劝英宗不可冒险北进。王振还不肯。后来得到前军覆没的消息，王振才有些害怕，准备班师。本来从紫荆关向东走直线是很平安的，王振因为自己是蔚州人，想把皇帝带到家乡去风光风光，热闹一番。绕大弯走了四十里，他又怕大队人马踩坏了他田里禾苗，又转向东走到狼山，敌人看着追上，派三万人去抵御，一个不曾生还。皇帝到了土木，离怀来城只有二十里了，大家都想赶进城去据守怀来。可是王振有十余辆财宝辎重还在后面，不曾赶上大队，因之就驻在土木等候。此地旁无水，四下空旷，无险可守，又当敌人要路。第二天敌人已漫天铺地围来，四面团团围住。士兵无水，不战自乱，被也先铁骑蹂躏，死伤遍野。王振死于乱军，英宗也被也先掳去了。

敌报到了北京，蒙古兵指日追到城下，人心恐慌极了。大小官员都手忙脚乱地遣送家眷财货回南。侍讲徐珵的夫人不肯走，徐珵对她说："不快走，不愿做中国妇人了吗？"满街满城都是逃难的官民。这时候只有一个兵部侍郎不害怕。他掬着头在苦想，怎样才能保全国土？怎样才能报仇雪耻？重要的是人民吗？国家呢？还是皇帝个人呢？这人姓于名谦，字廷益，浙江钱塘人。

英宗北征时，叫他的兄弟郕王监国。土木变后，群臣都切齿痛恨，觉得不可一日无主，就拥立郕王为帝，是为景帝。遂用于谦为兵部尚书。于谦痛哭流涕说："敌人快到城下了，我们要赶紧准备抵抗！决死抵抗！慢了就有亡国之祸！"那时群臣意见不一，徐珵说："据我看天象，天命已去，不能抵抗，快把都城搬回南京吧！留在此城，大家都完！"于谦泪流满面，大声抗辩："京城乃国家根本，银钱、粮食、实物、宗庙、□□都在这里，哪能顾得许多。我们应该死守京城，和敌人拼命。倘若迁都，人心动摇，□□长□不下我让一寸，敌进一尺，国家还有什么指望？不见宋朝南渡之事吗！谁说迁都，就严惩斩了！"景帝听他的话，才决定死守。

于谦虽然一心准备抗敌的计划，可是京城精兵都被王振带去□□走了。军粮器械，也十不存一，他赶紧召募神勇军，又派人臣到各处招募民勇□□。那时京城米粮全存在通州仓库，仓促难于搬运。于谦奏令百官兵士预支一年粮饷，各自亲身或派人到通州去取，几天之内，全运完了。搬不尽的粮食，就放火烧了，说"不要便宜敌人"。

四邻的百姓，都叫搬进城内安插，免被敌人抢掠，监牢里关的能够作战的军官，也放出来打仗。

也先挟英宗南下，以为消灭了中国几十万最好的军队，皇帝又在他们手里，破北京，灭中国，唾手可得。一到大同就嚷说："你们的皇帝在此，快快开城投降吧！"守将郭登上城说："谢谢你们，我们已有皇帝了。"也先不能进大同，绕道别处，也一样碰钉子。到了北京，见北京已有准备，大大吃了一惊。那时城内官员听见也先来了，都说："蒙古远来，利于速战。我们不如紧闭城门，过几天他们自然会走的。"于谦说："不能。我们若躲在城内，敌人以为胆怯，更看不起我们。一定要驻城外给点厉害给他们看。"就总督军马，背城而阵，九门外都扎了军营。他躬擐甲胄，身先士卒，慷慨激昂地向士兵训话说："敌人欺我太甚，我们为保卫祖国，只有战死，决无生还。"兵士们都忠义奋发，勇气百倍。也先没有得着便宜，也就有些灰心。于谦探得英宗不在的地方，就发炮攻击，敌人死伤万余人。也先攻城不下，四方勤王兵又纷纷来到，有些心慌，提议讲和，要万万金币，派六七大臣充和议使去赎英宗。朝廷和于谦商量，于谦说："我主兵部，只知杀贼，不知讲和。况且敌人讲和，不怀好意，要挟多端，割地赔款，都难满他的欲望。此时救国图存，保全国家是第一大事。皇帝倒是次要的。"也先没法，只好退走。于谦急派良将镇守边关，又恢复已失去的八城。行"团营法"，训练兵士，京城三面设五镇拱卫，于是随时进可以战，退可以守。虽然经过这一次大变乱，而国图得以不失尺寸。那时有个太监喜宁投降蒙古，把中国虚实都告诉也先。于谦叫边将捉住喜宁杀了。也先责问边将说："喜宁很忠心，你们为何杀他？"边将说："喜宁是蒙古的忠臣，就是中国的罪人。所以我们要杀掉这个汉奸。"也先失去了好向导，又觉得英宗留在那里是个废物，不如放回中国，也许还可以得到一点好处，就放回英宗。英宗"幽居"南宫，不数年有"夺门"之变。

于谦忠正立朝，赏罚分明，一般小人无法钻营，又怕又恨，景帝又信用他，害他不得，就想拥戴英宗复位，以图富贵。徐有贞（就是徐珵，因提议迁都逃难被人唾骂改名）带领一班武将黑夜之间劫夺入内诸门，把英宗从南宫接出复位。废景帝为郕王，下于谦于狱。审问的时候，于谦不自辩，只说我早知道有这一天。于是以意欲迎立外藩之罪，把于谦斩首东市。又抄没于谦家财，不料他家中别无长物，见景帝给他的弓剑衣服，谨身着没有动。景帝时要给于谦一厢宅子，于谦说："国家危难，是我们的耻辱，还敢住好房子图安逸吗？"他因为朝廷多事，常住在朝房，家事完全不问，把生命都许给国家，个人利害一点儿也不放在心上。他死后不久，敌人又来寇边，大家都思念于谦不置。京城人为之歌曰："鹭鸶水上走，何处觅鱼嘯（鱼嘯和于谦同音）？"有次边界告急英宗忧形于色，大臣说："使于谦在不令至此！"英宗亦为之黯然。

到世宗时候，蒙古俺答又领兵围住京城，世宗只好讲和许他们贡马互市，蒙古人却用瘦马故意要高价，一面通市，一面在那里抢劫，时常马价一到手，接着连瘦马也抢了回去，明朝不堪其苦。直到俺答奉了教，部众也都信奉喇嘛，边塞渐渐

162

无事。俺答死后，蒙古内部分裂，势力衰弱，边界方才平息了。

（原载天津《益世报·史学》第四十六期，1937 年
1 月 24 日，署名"袁震"）

二十　戚继光

（一）

　　中国的东边，隔着黄海，有三千多小岛，像一条长蛇蜿蜒分布着，那就是日本国，中国古代的记载称为倭。在汉代就已与中国发生了关系。那时的日本有一百多个小国，有些航海到中国来进贡，其中有个倭奴国，被封为倭奴国王。到魏时才渐渐统一，北部的倭女王，也被封为亲魏倭王。到西历第四五世纪时，才被大和传统所统一，成为一个国家。

　　日本自从和中国交通以来，才渐渐输入汉土文化。中国养蚕丝绢的法子及纺织、美术、陶瓷等，都被他们学去。他们的文字也是仿照汉文制成的。

戚继光像

隋唐时候先后派遣大批的"遣隋使""遣唐使"带着许多留学生到中国来学习。经过几百年的模仿，日本完全中国化了。

两方面来往既繁，自然发生商业关系，宋代明州（宁波）成为中日贸易的商港，那时日本还以中国钱当作通用货币。中国的商品也极为日本所需要。商船到日本去获利很厚，两国贸易非常发达。

经过了一千多年的和平关系，到了蒙古人入侵中国后，却忽然平地一声雷，两个东方古国起了战争。原来蒙古自成吉思汗兴起后，几十年间，铁蹄纵横所向无敌。到元世祖继平定高丽，便把这岛国也纳入帝国的版图，几次派使臣招降，都没有答复。元世祖觉得日本这样顽强不服，大损自己的尊严，便组织了一个蒙古人、汉人、高丽人混合的大舰队，向日本进攻。

日本听见蒙古出兵，非常恐慌。一面派兵防守海岸，一面到各禅社祈祷，求神的保佑。至元十一年（一二七四）蒙古舰队到了日本，日本武士单凭刀剑弓箭等一些旧武器，虽然拼死抵抗，怎能敌得过这身经百战、配备着重炮重□的蒙古大军！正在危机一发，两军决生死存亡的时候，忽然海上起了大风，把蒙古舰队吹得四分五裂，大半沉没，把日本从危机中挽救了出来。

蒙古人不肯干休，在灭了南宋后，又组织了十四万人的大舰队，以南宋水军为主力，至元十八年(一二八一)再度出发。不料海上又起飓风，元舰队全军覆没，算是日本第二次得救。

蒙古舰队的第二次大失败，使日本轻视了一向崇拜和觊觎的中国，同时日本因为皇位继承问题，南北分裂，自相残杀，闹得民穷财尽。全国的壮丁都被征发去作战，土地荒芜，无人耕种，粮食极端匮乏。一般武士因土地被夺流为盗贼，在国内没有出路，只好渡海到高丽和中国边境来劫掠，抢去米麦，掳去农民，给他们耕种。这便是中国史上有名的倭乱。

(二)

明太祖平定了占据江浙的张士诚和方国珍后，

这两人的部下有一部分逃到海外，勾结倭军内犯，从辽东到广东的沿海一带，都受他们的骚扰。明太祖沿海岸建设城堡，增置戍兵，每年派水军出海通缉，警备得非常严密，倭军虽来，也没有得到多大的便宜。

过了一百六七十年，到明世宗时候（一五二一至一五六六），倭军又猖獗起来，在中国东南沿海一带迅速泛滥。

原来这时日本又发生了"战国之乱"，和上次南北之乱一样，不得不向外发展。一般到中国来贸易的商人，一手拿着物资，一手拿着刀剑，交易完了，趁机就抢一番。

中国这时候的军队，在长时期的太平之后，非常废弛，已经完全不能作战了。沿海的戍兵，只有一些老弱卒，军器破烂不完，船也缺舵少桨，摆样而已，加以政治腐败，民不聊生，便利了倭军活动。倭军一登岸，简直是无抵抗的情形，占据了江苏和浙江的几个城镇，蜂聚几万人，分途出掠，所过一空。嘉靖三十四年（一五五五）有一支六七十人的倭军，从杭州登岸，劫掠了几千里地方，杀伤了四五十人，过了八十多天，才被消灭。从嘉靖三十一年到四十三年（一五五二至一五六四）十三年中，沿海从山东到广东六行省中，被攻破二百多个城池，杀死几十万人民，竭中国全国的人力财力，步步围剿，才能平定。

在平定倭乱的将领中，以戚继光最为著名。继光，字元敬，山东登州卫人。他以为倭军所以这般放肆，并不是中国兵少，而是没有经过严格的训练，要保卫国家剿灭倭军，第一步要先从训练做起。他奉命守浙东就按照自己的信念，召募当地最彪悍的金华义乌兵三千人，加以最有效的训练，最严厉的军纪，配置以最精利的器械，又按照地势，创制了鸳鸯阵法，在任何地势之下，都可以作战。三年之内，他的戚家军成为全国最精锐的军队。嘉靖四十年（一五六一）他用这新军追剿倭军，先后几战，战无不胜，平定了浙东。

浙东平定后，倭军又集中到福建，围剿的军队隔水相持，不敢进攻，戚家军一到，立刻下令攻击。每人拿一束草，填平了壕堑，大破贼巢，乘胜追剿到兴化，半夜里连克六十营，把那里倭军全部解决了。天亮进兴化城，城中人才知道倭军已经剿灭了，赶紧拿牛、酒来慰劳。

戚继光回到浙江后，新来的倭军又攻破了兴化，占据平海卫。政府派去的援军都远远地屯下观望，不敢前进。继光又被调来做主力军，大破倭军。在他镇守福建的几年中，境内倭军完全肃清了。

和戚继光同时的名将有俞大猷、刘显，也以练兵著名，在剿灭倭军的战争中，立了许多功劳，可是论勇敢和纪律却都不如。有一次打仗，他的儿子犯了军法，立刻杀了，令出如山，部下没有一个敢不听令。倭寇平定后，政府把他调到蓟州去练兵，北方的军队一向松懈惯了，他所调的浙兵三千到达后，在郊外候令，恰巧下大雨，从早到晚，三千人都直立不动，边兵见了，大为惊异，从此方才知道什么叫作军令。他用浙兵作中心，调连边兵，不到几年便成为诸边最精的劲旅。在他守边的十六年中，蒙古人不敢进边生事。后任的人照他的成法办理，也还保持了几十年的安宁。

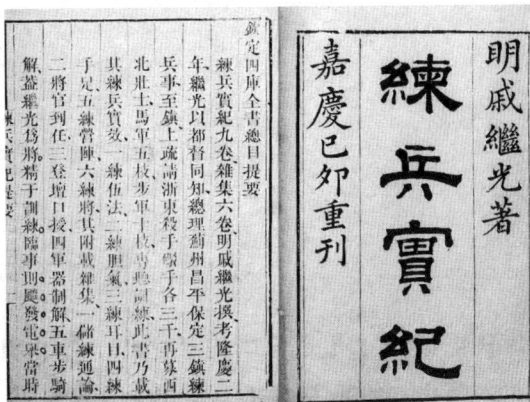

戚继光著《练兵实纪》

他所作的兵书《纪效新书》和《练兵实纪》，直到现在还是军人必修的书。

（原载天津《益世报·史学》第五十四期，1937年5月30日，署名"袁震"）

　　昔狄更斯有《儿童英国史》之作。今仿其名，文体亦略师之，唯取材之准乃大异。

　　为中国学校儿童述国史，视外此任何国［均更］难。并幅员之辽廓与世代之绵邈言，中国史实无与匹。而小学教本，字数有程。往时此类之书，字数皆不盈三万。今为猛增，亦倍而止耳。以区区五六万字，网络上下四五千年之中国史，而又须于粗枝大叶之概撮外，多容娓娓细节，以饵儿童，此一难也。今学制，高小、初中、高中皆有本国史。同一题材，陈说三次。若何避免重叠，而不倦苦学者，此二难也。复次，历史教本之纂，不仅以传知，亦以立训。训之大者，理想人格与理想社会是矣。此之规范，在昔汉唐宋明之盛，固无待于设教者之劳心。不幸今非其时也。欲一教本行于今日，其中有若干要义，自不容不上同。虽然，上同而不流于鄙俗，适时而不流于媚世，自古所希。若何调协上同之需要与理性之唤召，此又一难也。

今标三难，非预为本书之缺憾，欲使继此有作者，知问题所在而已。若予所以处之者，请略一言。

大抵观史有三道：吾尝试名之曰钻观，曰纵观，曰横观。以若干重要人物为隙牖，以窥探其时代及其时代之前后；从其所行所言所感所愿，以贯串其并世之大事；从其事业之所承所启，以觇世变之潮流，此予所谓钻观也。于民族之交涉及化合，于文物制度思想之源流及演变，分门别类，做飞鸟瞰，此所谓纵观也。以个别时代为主体，求认识其特殊之面目，契会其特殊之精神，此所谓横观也。今于高小取钻观，于初中取纵观，于高中取横观，此予所以解第二难也。

大抵短史、简史、略史、小史，甚至通史等类书之通病，在知抽象而不知拣选。抽象与拣选奚以别？譬叙《墨子》，若于兼爱、非攻、节用、节葬、非乐、上同、天志、明鬼、三衰、大取、小取等，项项而约述之，此抽象也。本书于《墨子》，只摘非攻、兼爱之目，而详阐之；非攻一节，则大部分为止楚攻宋事，此拣选也。虽然，拣选而无确准，犹病芜乱。今既取钻观，则其选材之确准可得言焉。

（甲）以若干重要人物为中心点，于其性格事业，须充分表明。是为叙述之"前境"。其他历史常识，则采作"背境"。

（乙）至人物之去取。

（一）须顾及历史（亦即人生）之各方面；政治家、军事家、凿空者、教育家、宗教家、科学家、诗人、美术家俱备；

（二）须略顾及时代之匀称；

（三）须顾及人物本身之教育价值；其人非足为训，而因事功重要见收者，占极少数；

（四）须顾及目前民族之境遇；故于守国攘外之杰，所选独多。

如是严立畔岸，以拣选济抽象，此予所以解第一难也。

或曰：以人物为中心，岂不贻崇拜英雄、忽略群众之讥？则应曰：崇拜英雄，非劣事也。亦视所崇拜者为何如之英雄耳。典型自附，寤寐思存，修养之道，此为切要。须知崇拜英雄，与自命英雄，并非一事。以人物为叙述之中心，与以人物为历史之一切，亦非一事。以人物为叙述之中心，此观点也。以人物为历史之一切，此历史哲学也。本书但有观点之选择，并无历史哲学之依执。夫抽象之社会，抽象之制度，儿童所不解也。历史中最具体、最易为儿童所领会者，厥为个人及其言行。今兹观点之选择，亦有见于此耳。

一览目录中之人名，则作者所悬拟之理想人格，不难揣知：刚健质朴，克己利群者是已。此与墨道为近。故书中于墨子三致意焉。其托始于禹，亦师墨说。既以人物为主体，则所能启示之理想，仅限于人格方面。至于理想社会，盖未尝言，然亦未尝不言。夫社会者，个人之积也。从部分之积，固未必足以尽知全；然全之主要属性，每为部分所决定。知每个人应如何如何，则全社会应如何如何者，思过半矣。今日社会类型之智识，已远广于前。而每一种人格理想，非与任何社会类型皆契合无间者也。旧社会之一大破绽，即在其所尊崇（至少所不敢菲薄）之人格理想，与其所代表之社会类型，两相扞格。直道难行之谚，窃钩窃国之讽，胥此破绽之符也。昔人所知之社会类型只限于一，故能安于此破绽而无如何。今则此黑暗时代已成过去矣。某种人格理想，与其所最契合之社会类型，二者之在赤子之心，医则磁石之与针，顿牟之与芥也。吾书实授彼以磁石与顿牟矣。若夫针与芥，彼将旦暮遇之。诚如是，则向所标第三难，亦有其自然可解之道。

本书之现今形式，与其原初计划，颇有出入。在原初计划中，予过于重视人物之教育价值，而忽略其历史地位。故颇有历史上殊不重要，抑且名不著称，而亦入录者。既而思之，此等人物，以与历史上之巨头并列，未免不伦。且为篇幅所限，故遂削去。削去之人物中，女子占一部分。严格言之，在中国史中占重要地位之女子，唯一武曌。而其人太无教育价值。故今书中女性之中心人物无一焉。予向以为书既并供男女学生读，宜有若干女范。由今思之，此可不必。男女所受之生理限制虽殊，其所以成己成物之道则一。譬政治家、教育家或科学家，使男子与女子为之，岂有二术？在德育、智育上，男女实可同范。柏拉图之《理想国》中，所以泯男女之界也。女性中心人物之强备一格，于本书为不需。

本书托始于禹，而上溯尧舜，唯于此段故事，明著其为传说。吾知有一辈史家，将责其抹煞羲农、黄帝，而另一辈史家又将责其不能割爱于殷商以前。对于前者，予欲无言。唯对于后者，则尚有说。今之考据，只证尧舜禹之故事不能尽实，未证其必为全虚。谓此段传说，必全无史实之质地，而为孔墨师徒所凌空结撰，此康长素之谰言，稍有古史常识之人所不当信。过而存之，如其有失，与过而弃之等耳。况予明著其为传说，而又尽刊落其理想化之色彩乎？且此段传说之本身，与后来历史，关涉甚多，已成为"国故"之一重要部分，教科书中岂容不予以位置？

本书之中心人物，限于逝者，不录生存，非贵远而贱近也。状述生存之人有四难：史料缺乏，一也；下笔不自由，二也；作者之党伐难免，三也；读者每因所闻受或所党伐之不同，而是非哄然，四也。例不在远，本书末章，原只叙淞沪之战，由杨联陞先生撰长编。杨先生参稽一切可得之史料，反复考虑后，决以某某人为中心。虽与予初拟者相违，予亦无以易之。然以就正于一闻见甚广而偏见甚少之先进，则谓某某人实有神经病。嘻，吾真未如之何也已！生存人之状述既无法尽如人意，而近事又不容不及，故今末章但叙事不叙人，于全书中为唯一之变例，不得已也。若夫表扬当路者之德言功业，以启信于童蒙，则就课程之编配言，宜入党义之科；就著作之分工言，宜别选和声鸣盛之能手；予书与予笔，俱无责焉耳。

此书之成，深有赖于郑侃慈女士、袁震之女士、杨联陞先生之助，而袁女士、杨先生之力为尤多。第三册之长编，全出袁女士手；第四册之长编，全出杨先生手。予于此诸长编，只有润色删节，并无改构。微二君，此书恐不知杀青于何日也。

张荫麟

一

孔子以前五五二年生于鲁都附近的邹邑。他的先世追溯到周厉王时宋国一个让君位给兄弟的公子弗父何。何三世至正考父，是位佐命三朝的元老，以一首箴诫恭敬小心的鼎铭著闻。那铭文道：

一命而偻，再命而伛，三命而俯，循墙而走，亦莫余敢侮。饘于是，粥于是，以糊余口。

正考父虽然"稳健"到走路也要挨墙，他的儿子孔嘉父却当宋殇公十年十一战的时代做着大司马，后来在民怨沸腾中，被一位作乱的大夫杀

像聖先　　　　　像別聖先

孔子像　　　　　　　　孔子别像

均出自《三才图会》

了。一说嘉父的儿子避难到鲁国，一说他的曾孙防叔始迁居鲁国，未知孰是。防叔的孙孔纥便是孔子的父亲。孔纥是位名闻于诸侯的大力士。历史上记着他两件战功。（一）前五六三年，晋人因为要灭偪阳国，来封给向戍[1]，率领诸侯的兵攻它的都城（在今山东峄县南五十里）。先锋的武士刚进入郭内，悬门忽然落下。幸亏孔纥在场，推起悬门，把他们放出。（二）前五五六年，齐师侵鲁，把鲁大夫臧纥围在防邑里。孔纥亦在围中，他半夜率领三百名甲士袭击齐军，乘齐人忙乱中，把臧纥送走，然后回营固守。齐人无可奈何而退。此役过后五年而孔子生，那是孔纥晚年续娶的颜氏女所出。

在孔子成年以前，他的父母先后去世了。他怎样在孤贫的轭下发展他的天才，已不可得知。传说他儿时嬉戏，常陈列俎豆等类的祭器，模仿礼容。据他的自述，他十五岁便立志向学。他又谦说过，我少时微贱，故多能些鄙事。他所能的

---

1. 后来向戍不受，给了宋国。

"鄙事"现在也不可尽考。我们只知道，他承着武士的家风，射御是习过的；他为贫而仕，先后曾替贵族管过会计和畜牧，都很称职；但他的志向却在礼、乐、诗、书之类。他对于学问，迷恋到时常废寝忘食。他自己曾说："在十家村里也必定有像我一般忠信的人，但不像我好学。"他生平最大的自夸只是"学而不厌，诲人不倦"。当三十岁左右，他的学问，尤其是礼仪的学问，已经大成。从此他的声名日益显著，跟随他的弟子日益众多。

本来在特别讲究排场，拘牵仪节的鲁国，一个熟悉一切礼文的人已是够受尊崇的了，何况孔子"博学而无所成名"？加以他由一个乡下出来的穷小子，没有父母的提携，没有师傅的传授，但凭自己的聪明勤敏，居然成了最高学问的权威。这样的人在当时是没有前例的，这样的人是很足以使得鲁国的贵族和民众惊异，很足以惹动他们的想象的。

他们和孔子接近时所得的印象又怎样呢？他的衣冠总是整齐而合宜的；他的视盼，温和中带有严肃；他的举止，恭敬却很自然。他是一个理

孔子像　出自《圣庙祀典图考》

想的鲁人。他平常对人朴拙得像不会说话，但遇着该发言的时候，却又辩才无碍，间或点缀以轻微的诙谐。他永远是宁静舒适的。他一点也不骄矜，凡有所长的他都向请教。便是他和别人一起唱歌，别人若唱得好，他必请再唱一遍，然后自己和着。他的广博而深厚的同情到处流露。无论待怎样不称意的人，他总要"亲者不失其为亲，故者不失其为故"。他的朋友"生于我乎馆，死于我乎殡"。他遇见穿丧服的人，虽是常会面的，必定变容。他在有丧事的人旁边吃饭，从未曾饱过；当天看见他的眼泪，便不会听到他的歌声。

这样的人天然要受普遍的爱悦。信仰天帝的鲁人，在尊崇、爱悦和惊异中，更记起孔子的先世的尊贵和光荣，便生出非常的期望和拟想，说他是天降的圣人，说他是生来就有知识的。当孔子三十五岁 [1] 的一年，鲁大夫孟僖子（属于鲁国最有势力的三家之一）于临死时遗嘱他的两个儿子务必跟孔子学礼，并且说道："我听说不久要有一

---

1. 本文述及孔子年龄均以虚岁计。——编者注

个伟人出现，叫作孔丘。他是哲人的后代。……臧孙纥（鲁国著名智慧的贵族，于孔子三岁时出奔齐国）说过：哲人有明德的若不在当世行道，他的后代必定有伟人。现在要应在孔丘身上了罢？"

在众望所归的空气中，孔子哪能菲薄自己？他也相信天意，他更相信天意要他负起救世的责任。

二

孔子生于向戌的弭兵大会前六年。此会之后，中原的战争暂时减少，但剧战的场所不过移到江淮一带，兵祸的真正消弭还没有希望的端倪。在另一方面，此会前后的一百年内，旧秩序的破坏加甚。至少在宋、鲁、郑、齐、晋等国，政柄落在大夫，君主成了傀儡；诸巨室彼此钩心斗角，不时搅起内乱。鲁国到底是君子之邦，它的巨室"三桓"（皆出自桓公的，故名）绝少自相残害。他们采用分赃的办法。前五三七年（孔子十六岁），他们把公室的土地人民分为四份，季孙氏拣取了两份，叔孙氏和孟孙氏各得一份，此后三家各对公室纳些小的贡赋，便算补偿。三家妥协，鲁君更不好做。前五一七年（孔子三十六岁），昭公讨伐季氏，结果给三家合力赶走，在外国流寓了七年而死。这还不够，恶人自有恶人磨。跋扈的大夫每受制于更跋扈的家臣，这也是鲁国的特色。前五三八年（孔子十五岁），竖牛叛叔孙氏，把他禁在一室，活活地饿死。前五三〇年（孔子二十三岁）南蒯叛季孙氏，据了费邑三年。但这些还是局部的事变。前五〇五年（吴王阖闾攻破楚都之次年，孔子四十八岁）季孙氏的家臣阳虎勾结了季孙氏和叔孙氏两家中不得志的分子，起了一场大政变。名副其实的阳虎把季孙氏囚禁起来，迫得他立誓屈服，然后放他。更挟持鲁君，放逐敌党，居然做了三年鲁国的独裁者，而且不知凭什么手段，很得民众的归服。三桓也俯首帖耳，听阳虎驱使。后来阳虎要除去他们，将自己的党羽替代季孙氏和叔孙氏，以自己替代孟孙氏。本来隐忍旁观的孟孙氏（即奉父命从孔子学礼的孟懿子）被迫做困兽斗。结果，出乎大家意料之外的，阳虎兵屡败，逃奔齐国。但次年（前五〇〇），叔孙氏所属郈邑的马正侯犯又杀了邑宰，据郈作乱，幸而他无勇无谋，几个月内即被解决。鲁国如此，本来破落的周室又复崩分。前五二○年（孔子三十三岁），景王死，王子朝纠合无数的失职的官吏和失意的贵族乘机做大规模的暴动。从此畿内扰攘了二十年，赖晋国屡次出兵援助，才得平定。

旧秩序的破坏不仅在政治方面。弭兵大会以前的长期混战除摧毁了无数的生命和财产外，还摧毁了许多的迷梦。它证明了"昊天不惠"，它证明了"渝盟无享国"一类的诅誓只是废话，它证明了"牺牷腯肥，粢盛丰洁"无补于一国或一身家的安全，它证明了人们最可靠的靠山还是自己。当郑子产昌言"天道远，人道近，它们是不相及"的时候，理智的锋刃，已冲破了传统迷信的藩篱。从前尽人相信一切礼法制度是天帝所规定的，现在有人以为它们是人所创设而且是为人而设的了。从前尽人相信王侯是代表天帝（"君，天也"），神圣不可侵犯的，现在恶君被弑或被逐，有人公然说他罪有应得，并且对叛徒表同情了。孔子曾慨叹道："我还及见史官阙文，有马的借给人骑。如今都没有了！"这两种变迁虽然本身很小，它们的象征的意义却很大。它们象征"世风日下，人心不古"的总趋势，社会组织蜕变时所必有的趋势。因为旧道德的力量减少，又因人口增加，都邑扩大，贵族和庶民间的关系日益疏远，礼教的拘束和威仪的镇压已不够做统制之用，所以有些精明的贵族感觉到制定成文的刑法的必要。前五三六年（孔子十七岁），郑子产把所作的刑书铸在鼎上；前五一三年（孔子四十岁），晋人也把范宣子所作的刑书（范宣子卒于前五四八年，其作刑书年不详）用同样的方式公布。这些都是非常的创举，在当时受着严厉的诽议的。

孔子所处的时代的性质已约略表过。在宗教思想上，孔子是大致跟着时代走的。他虽然还相信一个有意志有计划的天帝，但那已经不是可以用牺牲玉帛贿买的天帝，而是在无声无息中主持正道的天帝了。他绝口不谈鬼神的奇迹。有人向他请教奉事鬼神的道理，他说："未能事人，焉能事鬼？"再向他请教死的道理，他答道："未知生，焉知死？"他教人"敬鬼神而远之"，教人"祭如在"。"远之"就是不要当真倚靠它们，"如在"就是根本怀疑它们的存在了。不过既然根本怀疑它们的存在，为什么还要向它们致祭，为它们举行繁缛的葬礼，并且守着三年之丧呢？孔子的答案是以此报答先人的恩德，非如此则于心不安，于心不安的事而偏要做便是不仁。把宗教仪节的迷信意义剥除，只给它们保留或加上道德意义，这种见解虽然不必是孔子所创，在当时乃是甚新的。

在政治主张上，孔子却是逆着时代走的。他的理想是以复古为革新，他要制裁那些僭越的家臣、僭越的大夫、僭越的诸侯，甚至那些不肯在贵族的铁蹄下安守旧分的民众。他的理想是：

天下有道，则礼乐征伐自天子出。

天下有道，则政不在大夫。

天下有道，则庶人不议。

孔子是历史兴趣很深的人，他也曾以"敏而好古"作自己的考语。他尽力考究了三代的制度之后，觉得周代吸取了前二代的精华，文物灿备，不禁说道"吾从周"。除了一些小节的修正，像"行夏之时，乘殷之辂……乐则韶舞"等以外，他对于西周盛时的文物典章全盘接受，并且以它们的守护者自任。他盼望整个中国恢复武王、周公时代的旧观。

他的理想怎样实现呢？照他不客气的看法，只有等待一个"明王"出来，用他弼辅，像武王之于周公。手把大钺的周公，那是他毕生憧憬着的影像。在晚年他还因"不复梦见周公"而慨叹自己的衰颓。不得已而思其次，若有一个霸主信用他，像桓公之于管仲，他的理想也可以实现一部分。他对于管仲也是不胜欣慕的。更不得已而思其次，若有一个小小的千乘之国付托给他，如郑国之于子产，他的怀抱也可以稍为展舒。他的政治理想虽高，他对于一个弱国自处的切实办法，并不是捉摸不着。有一回他的门人子贡向他问政，他答道，要"足食，足兵，人民见信"。问：若不得已在三项中去一，先去哪项？答道："去兵。"再问：若不得已在余下的两项中去一，先去哪项？答道："去食。从古都有死，人民没有信心便站不住。"他又说："一个国家，不怕人口少，只怕人心不安，不怕穷，只怕财富的分配不均。"这些话显然是针对着大家只知道以贫弱为忧的鲁国而发的。

"假如有用我的，仅只一周年也可以，三年便有成功。"他说。

三

但是谁能拔用孔子呢？鲁昭公不用说了，他十九岁即位，"犹有童心"，况兼是个傀儡。孟孙氏大夫孟懿子是孔子的门人，但他还是个后生小子。三家之中，季氏最强，大权独揽。他便是曾以僭用天子礼乐，致孔子慨叹"是可忍，孰不可忍"的。不久，更不可忍的事发生，昭公被逐，孔子便往齐国跑。

他到齐国，大约是避乱的成分少，而找机会成分多。这时距齐人灭莱之役已五十年；景公即位已三十一年；崔、庆、栾、高诸巨室已先后被灭；陈氏已开始收拾人心，蓄养实力。景公固然不是个怎样的贤君。他的厚敛曾弄到民力的三分之二归入公家；他的淫刑曾弄到都城的市里，"屦贱踊（被刖者所用）贵"。他听到"天下有道，则礼乐征伐自天子出"一类的话，当然要皱眉；但他听到"天下有道，则政不在大夫"一类的话却不由不大赞"善哉！善哉"。他一高兴，孔子的生活便有着落了。但不知是他的眼力，抑或是他的腕力不够呢，他始终没有任用孔子。孔子在齐七八年，虽然养尊处优，还是（用他自己的比喻）活像一个葫芦，被人"系而不食"。这是孔子所能忍耐的么？乘着鲁定公即位（前五〇九），鲁国或有转机，他便回到祖国。

他归鲁后约莫三四年而阳虎的独裁开始。眼光如炬的阳虎就要借重孔子。他知道孔子不会干谒到他的，却又不能屈身去拜候一个穷儒。依礼，贵臣对下士若有所馈赠而他不在家接受，他得到贵臣门上拜谢。于是阳虎探得孔子外出的时候，送一大方熟猪肉给他。孔子不傻，也探得他外出，然后去拜谢。可是他们竟在途中相遇。阳虎劈头就说：

"来！我和你说句话。怀着自己的宝贝，却瞒着国人，这可谓仁吗？"

"不可。"孔子只得回答。

"喜欢活动，却坐失时机，这可谓智吗？"

"不可。"孔子只得回答。

"日子一天天地过去了！岁月是不等待人的！"

"是，我就快出仕了。"孔子只得回答。

但他没有出仕，而阳虎已倒。这时他的机会可真到了。他的门人孟懿子因为发难驱阳的大功，在政府里自然争得相当的发言权。季孙氏大约也一方面惩前毖后，想收回已失的民心；一方面感念孔子不附阳虎，便把大司寇一席给他。这时孔子有五十多岁，距郑子产之死有二十多年。

子产的人格和政绩是孔子所称赞不厌的。他说子产有君子之道四："其行己也恭，其事上也敬，其养民也惠，其使民也义。"此时孔子的地位也有点和子产的相像：郑之于晋楚，犹鲁之于齐晋；郑之有七穆，犹鲁之有三桓。所不同的：子产自身是七穆之一，而且得七穆中最有力的罕氏拥护到底；孔子却没有一田半邑，而他受季氏的真正倚任也只有三个月，虽然大司寇的官他至少做了三年（从定公十年至十二年）。但他在无可措施中的措施也颇有子产的风度。

前五〇〇年（定公十年）孔子辅佐着定公和齐景公会盟于夹谷（齐边地）。有人向景公说道："孔丘这人虽熟悉礼仪，却没有勇力。假如叫莱兵逼胁鲁侯，必定可以得志。"景公依计。不料"临事而惧，好谋而成"的孔子，早就设着武备。他一看见莱兵，便护着定公退下，并命令随从的武士们动手；接着说了一番"夷不乱华……兵不逼好"的道理，直斥齐人此举，于神是不祥，于道德是不义，于人是失礼。齐侯气沮，只得遣退莱兵。临到将要结盟，齐人在盟书上添写道："齐师出境而不以甲车三百乘从我者有如此盟。"孔子立即命人宣言，齐人若不归还汶阳的田，而责鲁人供应，也照样受神罚。后来齐人只得归还汶阳的田。

孔子在鲁司寇任内所经历的大事，除了夹谷之会，便是前四九八年的"堕三都"运动。所谓"三都"就是季孙氏的费邑、叔孙氏的郈邑和孟孙氏的郈邑。"堕三都"就是要将这三邑的城郭拆除。三邑之中，费、郈都是旧日家臣叛变的根据地。而费邑自南蒯失败后，不久便落在另一个家臣公山不狃之手。不狃是阳虎的党羽。阳虎既倒，他还屹然不动。"堕三都"一方面是要预防家臣负隅作乱，一方面亦可以削弱三桓。二者都是和孔子素来的政治主张相符的，故此他对于此举，极力赞襄，虽然主动的却似乎不是他，而是他的门人子路，这时正做着季氏的家宰的。子路之发动此事原是尽一个家臣的忠悃。此时费邑已成了季氏腹心之患，非堕不可的。季孙氏地广邑多，毁一城满不在乎。但叔孙和孟孙二氏各毁一大城则元气大损，这也是于季孙氏有利的。叔孙氏犹有侯犯之乱可惩。至于孟孙氏堕郕，好比一个无病的人白陪人家喝一剂大黄巴豆，完全是犯不着的。所以堕郕议起，他一味装聋。后来定公率兵围郕，没有攻下，便把它放过。但郈、费二城到底被堕了，堕费最费气力，孔子受季孙氏三个月的倚任就在此时。原来公山不狃不待季孙氏动手，先自发难，率费人袭入都城。定公和三桓仓皇躲进季孙氏的堡中，被费人围攻着。叛徒快到定公身边了，幸亏孔子所派的援兵及时赶到，把费人杀败。其后不狃势穷，逃往齐国。

堕费之役孔子虽然立了大功，但不久（前四九七？）孔子便辞职。他辞职的直接原因，有人说是祭余的烧肉没有照例送到，有人说是季孙氏受了齐人的女乐，三日不朝。孰是孰非，无关宏旨。总之，季孙氏的势力完全恢复了以后，再没有可以利用孔子的地方了，再不能维持向日对孔子的礼貌了。鲁国再没有孔子行道的机会了。他只好再到它国去碰碰运气，虽然他不存着怎样的奢望。如鲁国一个守城门的隐者所说，他原是个"知其不可而为之者"。

但是到什么地方去呢？齐的韶乐虽然值得孔子再听，齐景公却值不得他回顾。卫虽小国，地理上和政俗上却最与鲁国接近。恰好这时子路的连襟弥子瑕甚得卫灵公的宠信。去职的次年，孔子便领着一班弟子来到卫都帝丘（在今河南濮阳县西南）。这时距卫人第一次避狄迁都——从朝歌（在今河南淇县）迁到楚丘（在今河南滑县），有一百六十多年；距卫人第二次避狄迁都——从楚丘迁到帝丘，有一百三十多年。当第一次迁都时，朝歌的遗民男女合计只有七百三十口。经过长期的休养生聚，新都又成了熙熙攘攘的大邑。孔子入境，不禁叹道：

"好繁庶呀！"

"既繁庶了，还要添上什么呢？"给孔子驾车的弟子冉有忙问。

"添上富。"孔子答。

"既富了，还要添上什么呢？"

"添上教。"

但此时卫灵公正被夫人南子迷得神魂颠倒，哪里有闲心去管什么富咧、教咧，只照例用厚禄敷衍着孔子。孔子居卫些时，觉得没味，便又他去（前四九六？）。此后十多年间，他的行踪，记载很缺略，而且颇有参差。我们比较可以确知的，他离卫后，到过宋、陈和楚新得的蔡地，中间在陈住了好几年。前四八五（鲁哀公十年）自陈返卫，约一年后自卫返鲁。此外他也许还经过曹、郑，到过故蔡以外的楚境。

在这长期的奔波中，孔子不独遇不着一个明君，而且遇了好几次的生命危险。当他过宋时，向戌的曾孙桓魋不知因为什么对他发生恶感，要杀害他，幸亏他改装逃脱。当他过匡（郑地？）时，受过阳虎荼毒的匡人错认他是阳虎，把他连群弟子包围起来。幸亏匡人没有错到底。在陈、蔡的边境时，因为"无上下之交"，粮糈断绝，他和弟子们曾经饿到站立不起。

这些困厄并没有压倒孔子的自信心。当在宋遇难时，他说："天生德于我，桓魋其奈我何！"当在匡遇难时，他说："文王死了以后，文教不在这里吗？难道天要废弃这些文教吗？难道后来的人不得承受这些文教吗？天没有废弃这些文教的，匡人其奈我何！"

在旅途中孔子曾受过不少隐者的讥讽。有一次他使子路去向两个耦耕[1]的农人问渡头的所在。甲说：

"在车上执辔的是谁？"

---

1. 此时牛耕尚未发明，两耒相并，合力破土，谓之耦耕。

"是孔丘。"子路答。

"是鲁孔丘么？"

"是的。"

"这人便知道渡头的所在了！"甲说。

子路只得向乙请问。

"您是谁？"乙说。

"是仲由。"子路答。

"是鲁孔丘的徒弟么？"

"是的。"

"满天下都是洪水滔滔，一去不返的，谁能改变它呢？而且您与其跟随到处要避人的志士，何如索性跟随避世的隐士呢？"乙说完了，不断地覆种。

子路回去告诉孔子。孔子说："鸟兽是不可与同群的。我不和这世人在一起却和谁在一起呢？假如天下有道，我便不去改变它了。"

但政治方面的否塞使得孔子救世热情终于不能不转换方向。当他最后由蔡回到陈的时候，他叹道："归罢！归罢！我们这班天真烂漫的小子，好比织成了文采斐然的锦，却不知道怎样剪裁。"

这时他已隐然有以教育终余生的意思了。这时他确已老了，他已六十八岁了，虽然他以前总是"发愤忘食，乐以忘忧，不知老之将至"。

四

孔子最大的抱负虽在政治，他最大的成就却在教育。在我国教育史上，他是好几方面的开创者。这几方面，任取其一，也足以使他受后世的"馨香尸祝"。

第一，在孔子以前，教育是贵族的专利，师儒是贵族的寄生者。孔子首先提倡"有教无类"，这就是说，不分贵贱贫富，一律施教。他自己说过，从具"束脩"（十吊腊肉）来作贽见礼的起，他没有不加以训诲。这件事现在看来很平常，在当时实是一大革命。这是学术平民化的造端，这是"布衣卿相"的局面的引子。至于他率领弟子周游列国，做政治的活动，这也是后来战国"游说"的风气的创始。

第二，孔子以个人在野的力量造就或招聚一

大帮的人才，他的门下成了至少鲁国的智能的总汇。他自卫返鲁后，哀公和季康子要用人时，每向他的弟子中物色。这样一个智识的领袖不独没有前例，在后世也是罕见的。传说他的弟子有三千多人，这虽然近于夸张，但他的大弟子名氏可考的已有七十七人，其中事迹见于记载的共二十五人。现在仅计他自己所列举跟他在陈、蔡之间挨饿的弟子：以德行见长的有颜渊、闵子骞、冉伯牛、仲弓；以言语见长的有宰我、子贡；以政事见长的有冉有、子路；以文学见长的有子游、子夏。这些人当中颜渊最聪明、最好学、最为孔子所叹赏，可惜短命；冉伯牛也以废疾早死，无所表现；其余都是一时的俊杰。闵子骞曾被季氏召为费宰而坚决辞却。仲弓做过季氏家宰。宰我曾受过哀公的咨询，在政府里当是有职的。子贡、冉有皆先孔子归鲁。子贡在外交界任事，四次和吴人，一次和齐人折冲，都不辱命。冉有做过季氏的家宰，于前四八四年（哀公十一年，孔子归鲁前），当齐人大举侵鲁，鲁当局守着不抵抗主义的时候，激动季氏出兵。冉有并且用矛陷阵，大败齐军。子路为季氏主持"堕三都"，和后来留侍在卫，死孔悝之难，前面均已表过。前四八一年，小邾（鲁的南邻之一）的一位大夫挟邑投奔鲁国，要子路做保证，以替代盟誓。季康子派冉有到卫国来求子路，说道："人家不信千乘之国的盟誓而信你一句话，你当不以为辱罢？"子路答道："假如鲁国和小邾开战，我不问因由，死在敌人的城下也可以。现在依从一个叛臣的话，便是认他为义，我可不能。"子游做过鲁国的武城宰。孔子到他邑里，听得民间一片弦歌声，因此和他开过"割鸡焉用牛刀"的玩笑。子夏做过晋大夫魏成子即后日魏文侯的老师。因为孔门弟子多是当时的闻人，他们又都有"仲尼日月也，无得而逾焉"的信念；凭他们的宣扬，孔子便在上流社会里永远传下很大的声名。

第三，孔子首先把技艺教育和人格教育打成一片。他首先以系统的道德学说和缜密的人生理想教训生徒。他的教训，经他的弟子和再传弟子记载下来叫作《论语》的，是我国第一部语录。

孔门传授的技艺，不外当时一般贵族子弟所学习的"礼""乐""诗""书"。其中"礼"和"诗"

尤其是孔子所常讲，弟子所必修的。

所谓"礼"有两方面，一是贵族交际中的礼貌和仪节；二是贵族的冠、婚、丧、祭等典礼。当时所谓儒者就是靠襄助这些典礼，传授这些仪文为生活的。孔子和他大部分的弟子都是儒者。他们所学习的礼当然包括这两方面。礼固是孔子所看重的。他说"不学礼，无以立"。但每一种礼节原要表示一种感情，感情乃是"礼之本"。无本的礼只是虚伪，那是孔子所深恶的。他把礼之本看得比礼文还重。他说："礼云，礼云，玉帛玉乎哉！"又说："丧礼，与其哀不足而礼有余也，不若礼不足而哀有余也。祭礼，与其敬不足而礼有余也，不若礼不足而敬有余也。"这原是对于讲究排场、拘牵仪式的鲁人的一剂对症药，可惜他的弟子和后来的儒家很少领略得。

当孔子时，各种仪节和典礼大约已有现成的"秩序单"。这些"秩序单"，经过孔子和他的信徒的陆续增改，便成为现在的《仪礼》。

"诗"三百余篇在春秋时代是有实用的。平常贵族交际上的词令要引"诗"做装饰，朝廷享宴外宾时，照例要选"诗"中的一首或一节，命乐工歌诵，以作欢迎词，这叫作"赋诗"。来宾也得另选一首或一章回敬，这叫作"答赋"。主宾间的情意、愿望、恳求，甚至讥刺，每"断章取义"地借"诗"句来隐示。在这种当儿，"诗"篇生疏的人便会出丑。故此孔子说："不学诗，无以言。"因为任何贵官都有招待外宾或出使它国的机会，所以"诗"的熟习成为贵族教育不可少的部分。孔子教"诗"当然也以它的应对功用为主。"诗"中含有训诲意味的句子，当时每被引为道德的教条。这一方面孔子也没有忽略。但他更进一步，他教人读"诗"要从本来没有训诲意味的描写，体会出人生的道理。这便是他所谓"兴于诗"。例如：

　　巧笑倩兮，

　　美目盼兮，

　　素以为绚兮。

　　意思原是说一个生来美好的女子可施装饰。子贡问这里有什么启示。孔子答道："绘画要在有

204

了素白的质地之后。"子贡跟着问："然则礼要在（真情）后吗？"孔子便大加赞赏，说他有谈"诗"的资格。

"诗"和"乐"在当时是分不开的。"诗"三百篇都是乐章。而正宗的音乐不外这三百篇的曲调。除了射御和舞以外，音乐是贵族教育最重要的项目。一切典礼里都有音乐，而他们平常闲居也不离琴瑟。孔子本来是个大音乐家，虽然他在这方面的成就完全被他的"圣德"所掩。再没有别的事比音乐更可以令他迷醉的了。他在齐听了《韶》乐，曾经"三月不知肉味"。这种天堂的快活他当然不肯外着他的弟子们。他的教程是"兴于诗，立于礼，成于乐"。知道么，在孔门中不通音乐的不算成人！孔子讲音乐和前人不同处在他特别注重音乐的感化力。他确信音乐不独可以陶冶个人的性灵，并且可以改变社会的品质。为尽量发挥音乐的道德功用，他有两种主张。第一，音乐要平民化。他的门人子游做武城宰，便弄到满邑都是弦歌之声。第二，音乐要受国家的统制，低劣的音乐要被禁绝。当时郑国的音乐最淫荡，所以他倡议"放郑声"。他晚年曾将"诗"三百篇的旧曲调加以修订。这是他生平很得意的一回事。他说："吾自卫反鲁，然后乐正；雅颂各得其所。""雅""颂"各是"诗"中的一门类，依着音乐的性质而分别的。经孔子修正过的乐曲可惜现在连影迹都无从拟想了。但他对于音乐的两种主张，直到如今，还是良药。在我们国里，一方面占人口百分之八十的农民终岁不闻丝竹；一方面都市里的男女几乎全给污垢窟里产生出来的委靡妖冶的丑声浸透了。在这种情形之下，如何令人不回想起孔子的先见呢？

后世所谓儒家的"六艺"，刚才说及的"礼""诗""乐"占去一半。余下的是"书""易""春秋"。"易"是占筮用的谶词汇编，前面已交代明白。内中含有劝诫意味的话，孔子偶然也引来教训弟子。但孔门的科目里并没有"易"，卜筮之事孔子更是不谈的。"书"大部分是西周的档案，或是战争时的誓师辞，或是周王封立国君时的册命，或是周王对臣下的告谕，或是王室大典礼的记录；另一小部分则是追记唐、虞、夏、商的故事和言

《孔子圣迹图》之《退修琴书图》 （明）仇英画

语的。这类文件据说在孔子时有一百多篇，现在只存二十八篇。"书"中训诲的话最多，像"易"一般，它在孔子以前已常被学者引用。它是孔门的读本之一，虽然远不及"诗"的重要。

"春秋"本来是鲁国史官的"流水账"式的记录的总名。大约因为它每年必标举四时，所以简称为"春秋"。它的内容可以现存的第一年为代表：

> （隐公）元年，春，王正月。三月，公及邾仪父盟于蔑。夏，五月，郑伯克段于鄢。秋，七月，天王使宰咺来归惠公、仲子之赗。九月，及宋人盟于宿。冬，十有二月，祭伯来。公子益师卒。

像这样的史记，列国都有的。大约鲁国的特别远久，特别全备。这些史记并不完全依事直叙。因为有些丑事，例如鲁桓公之死，根本不能直叙。再者，有些史官故意要把史事记错，来寄托褒贬的意思，或维持已失效的名分。例如晋灵公明明是被赵穿弑了的，但晋太史董狐却因为赵穿的兄弟赵盾"亡不越境，返不讨贼"，便记道"赵盾弑其君"。又如前六三二年周襄王应晋文公的唤召去参加践土之会，而现传的《春秋》却记道："天王狩于河阳。"传说孔子曾采用与这两例一路的"书法"，将鲁史记中从隐公元年（前七二二）到哀公十四年（前四八一）的一段加以修改，而成为现存的《春秋经》。这一段所包括的时代史家因此称为春秋时代。《春秋经》之始于隐公不知何故，也许鲁史本来如此。它终于哀公十四年，传说是因为是年叔孙氏子出猎获麟。据说麟是预兆明王出现的祥兽，现在"明王不兴"而麟被猎获，孔子感觉道穷，因此含泪绝笔云。这件故事我们不免怀疑，但孔子修改过"春秋"，大概是可信的。时代后孔子仅百年，所居和鲁都更鼓声相闻的孟轲已有"孔子作《春秋》而乱臣贼子惧"的过奖。

总结孔子和六艺的关系。"诗""书"，他不过沿用作教本，而时或加以新的解释或引申。"易"，他不过偶尔征引。"礼"，他加以重新估价，并且在小节上偶有取舍。例如冕，古礼用麻，时礼用丝，孔子从众，因为当时用丝价廉；又古礼臣拜君于堂下，时礼拜于堂上，孔子从古礼，因为他觉得时礼近于放肆。至于"乐"和"春秋",他虽加过修改,到底他绍述的成分多而创作的成分少。"述而不作,信而好古",原是他的自白。

但在学术上他果真是仅只述古的人吗?至少就道德的教说而论,他是不然的。有一回他问子贡:"你以为我是多多的学习却把所得牢记的么?"子贡答道:"是的,难道不对吗?"孔子说:"不,我一以贯之。"他认定所有的道德规律中有一条最根本、最概括,可以包罗其他的。这种认识乃是道德思想上一大发明。孔子的一贯之道,据他的高足弟子曾参的了解而他所没有否认的便是"忠恕"。忠恕只是一种态度,"仁"的积极和消极两方面。"恕"便是他所谓人人可以终身奉行的一个字,意义是"己所不欲,勿施于人"。"忠"的广义是"己欲立而立人,己欲达而达人"。"忠"的狭义是尽自己对他人的责任,甚至不顾任何的牺牲,"可以托六尺之孤,可以寄百里之命,临大节而不可夺"。这种"忠"即是勇了。所以他说"仁者必有勇"。仁、勇,再加上智便是孔子心目中的全德。

五

孔子从卫归鲁，至早当在哀公十一年（前四八四）春之后，因为他归鲁时季氏派冉有去迎接他，而是春冉有方主持拒齐的战事；至迟当在哀公十二年春天之前，因为是春季氏已因为增加军赋的事咨访孔子。此时孔子已俨然一个国老，公卿不时存问，馈遗，国政也有资格过问。哀公十四年齐大夫陈恒弑君，孔子便斋戒沐浴，然后上朝，请求讨伐。和陈氏一丘之貉之三桓，虽能遏阻鲁国的义师，却不能遏阻孔子的义言。

和孔子的声望同时增加的是他的门徒和门徒所带来的学费。此时他的生活很可以当得起一个退职的大司寇：行则有车代步；衣则"缁衣（配以）羔裘，素衣麑裘，黄衣狐裘"；食则饭"不厌精，脍不厌细……失饪不食，不时（不合时的菜）不食，割不正不食，不得其酱不食……沽酒市脯不食"。回思在陈绝粮时的情景，已成隔世了。但那样的晚福他并不能久享，哀公十六年（前

《孔子圣迹图》之《子贡庐墓图》 （明）仇英画

四七九）四月（即夏历二月），他卧病七日而死，得寿七十四。

孔子死后，门弟子把他葬在鲁都城北泗水边，并且为他服丧三年，然后洒泪分手。诸弟子和别的鲁人依孔子冢而居的有一百多家，名为"孔里"。冢前的空地，成了鲁儒举行乡饮、乡射等典礼的场所。城中孔子的故居被辟为他的庙堂，内藏他的衣冠、琴、车、书籍和礼器，孔门的儒者继续其中学习礼乐。此后历尽四百年的兴亡和兵革，这庙堂里未曾歇过弦歌声。

孔子死后六年而越王勾践灭吴。

（原载《大众知识》第 1 卷第 8、9、10 期，1937 年 2 月 5 日，3 月 5、20 日）

编后记

　　吴晗《记本社社友张荫麟先生》说，张荫麟1935年夏受教育部委托，主编高中、初中及小学国史教科书。鉴于过去的历史教育，小学一套，从三皇五帝到宋元明清，初中一套也是从三皇五帝到宋元明清，高中、大学亦各一套相同的杂凑的事实，徒然浪费读者精力，所以需要改变各阶段课本之内容，计划："一小学国史以人为经，选出国史上之大人物，自孔子至孙中山，用述故事之体裁，烘托以每一期应知之大事。二初中之国史，以事为经，分两编：一民族篇，述中华民族之形成，生民之伟绩；二社会篇，述社会政治经济军事，一切典章制度之演进。事为首尾，互相沟通。三高中国史以时代为次综述人地事，融会而贯通之。

然大要皆以可读为主。"文章还说，张荫麟的深厚素养，"从哲学冀厚起超之博观，与方法之自觉；从社会学冀明人事之理法"。这些话，吴晗在1947年发表的《记张荫麟》中又复述了一遍。

张荫麟在《关于中学国史教科书编纂的一些问题》中提出："教科书的主要任务，是明晰地、有趣地陈述人人应知、而无人能否认的历史常识。……我们要使自己的目的和史观在这部书中成为'有若无'。……最真确的史观是能与事实融化于无间的史观。……我们的鹄的是艺术。"

以上我们可见张荫麟《儿童中国史》编纂的背景和思路。这本《儿童中国史》，在陈润成、李欣荣编《张荫麟全集》卷上《中国史纲》的附录中，根据张荫麟《自序》，本书似乎已成。书分四册，张荫麟自己编撰前两册，第三册南宋到明，袁震之编撰；第四册清初到百灵庙之战，杨联陞编撰。

察其目录，《全集》留下十三篇，整理者徐规先生标明原载《大公报史地周刊》第130、131、139期，1937年4月2日、9日，6月4日。仅剩寇准、范仲淹、王安石三篇告缺。编者根据《北宋的边患与变法》整理辑录出三篇补上。另第三册，习之先生整理吴晗遗文，得袁震之《宗泽与孟珙》《文天祥》《于谦》《戚继光》四篇。

袁震（1907—1969），原名震之，湖北光化人。18岁时考入武汉大学攻读史学，1930年又考入清华大学史学系，不久患肺结核，长期卧床，被取消学籍。后结识吴晗，1939年10月二人在昆明结婚。习之先生所辑录文字标注：署名袁震，分别发表于天津《益世报·史学》1937年3月21日的第五十期、4月26日第五十二期、1937年1月24日第四十六期、1937年5月30日第五十四期。但习之先生认为，袁震一直重病在身卧床不起，没有能力从事这个工作，因此断定它们是吴晗代笔。笔者认为，袁震身体的状况能否承担本书的撰写，张荫麟不可能不了解，且袁震对于宋史素有研究，当时她和吴晗还没有结婚，她需要挣钱养活自己。吴晗1961年在《新建设》第六期发表《明代民族英雄于谦》，这篇文章对于于谦的人格和事迹写得更为饱满，但它和署名袁震的《于谦》完全两个写法，《于谦》一文更多是通过于谦钩玄于谦所处的时代。吴文和袁文很少重复用语，且吴文没有提及于谦使人杀喜宁这个重要故事。所以在我们没有确切证据的情况下，还是将《宗泽与孟珙》《文天祥》《于谦》《戚继光》四篇文字属之袁震更为稳妥。

至于杨联陞编撰部分查考未得，全部告缺。合张荫麟、袁震为儿童写的不得不知道的二十位"国史上之大人物"，五万字。对于教育而言，孔子是最闪亮的名字，张荫麟大致同时单独还写了《孔子》小传，一万两千字，发表在《大众知识》第1卷第8、9、10期，1937年2月5日、3月5日、3月20日。考虑到读者知识面的扩大与提高，本编一并附入。

以上是大家看到的这个版本的编次和署名小介。如果我们分析一下所有选目，会发现这个准小学课本和脍炙人口的钱穆《国史大纲》一样具有明显的救亡大背景。这是值得我们特别思索的。章太炎《劝治史学并论史学利弊》提出："保存国性，发扬志趣"是教育的根本，"至于能发扬志趣，保存国性之教育，其要点则重在读史"，"盖时代愈近者，与今世国民性愈接近，则其激发吾人志趣，亦愈易也"。本书希望年轻读者记住众多抵御入侵的政治军事方面的英雄人物，包括马援、谢安、寇准、范仲淹、宗泽与岳飞、文天祥、于谦、戚继光、袁崇焕、郑成功、林则徐、左宝贵与邓世昌等；同时侧重中外交流的世界大格局，例如张骞、玄奘、郑和等均赫然在目。当然爱国不单单是政治和军事的，也是文化的，编者希望大家了解我们古代科技文化与文学成就，例如孔子、墨子、张衡、杜甫等。最后谈谈张荫麟的写法。《儿童中国史》选择人物标准已经如其"自序"了，既要考虑到人物本身之教育价值，又考虑到历史之各方面，以及时代之匀称。这本书写人，不是为了把人写"活"，而是努力让读者大致了解这人身上附丽的史事和他的时代，最后脑子里形成中国历史的大致框架。具体写法上，他努力拉近我们和古人的距离，写大禹，从中国地图写起；写孔子从曲阜孔林写起，都是为了提醒读者那些貌似遥远的人和事其实和我们今天仍息息相关。关于人物史实的选择，他在《论史实之选择与综合》中说，历史有什么秩序呢？第一是因果的秩序。第二是逻辑的秩序，逻辑的秩序包括：循环的秩序、演化的秩序、矛盾发展的秩序、定向发展的秩序。这些秩序是任何通史所当兼顾并容的。综而言之，张荫麟还是希望通过人物、史事，融会而贯通出一种民族的精神。张荫麟在《蒋委员长论抗战必胜训词释义》中说："所谓文化或民族精神就是生活理想之深入于一般人心，而与他们情感紧连固结的。我国的文化或民族精神，若用简单的辞语来概括，可以说是'宏毅中和'。'宏毅'就是《论语》里'士不可不宏毅，任重而道远'的'宏毅'。'中和'就是《中庸》里'致中和，大地位焉，万物育焉'的'中和'。"

笔者还注意到，他写商鞅变法，说新法是针对什么目的，读者试自一想；写杜甫，说要透彻地理解他，需要熟读李杜的诗集。无疑，张荫麟更希望启发读者从这里开始，进行更多的阅读和思考。

如果读者能够循着本书的人物，读更多的书，想更多的事，知道从历史中汲取解决现实安顿自己的智慧，功莫大焉。

　　另，该著写于上世纪三十年代，所用地名皆为当时行政区划名称，一切措辞亦有写作伊初的时代特征。为体现行政区划的建置沿革，不依现在行政区划妄改；为保持其原有版本风貌，再版过程中亦不做现代汉语的规范化统一。

　　　　　　　　　　　　　　　编订者　蒙木

　　　　　　　　　　　　　　　2020.04.29

大家小书青春版书目

出版说明

"大家小书"多是一代大家的经典著作，在还属于手抄的著述年代里，每个字都是经过作者精琢细磨之后所拣选的。为尊重作者写作习惯和遣词风格、尊重语言文字自身发展流变的规律，为读者提供一个可靠的版本，"大家小书"对于已经经典化的作品不进行现代汉语的规范化处理。

提请读者特别注意。

北京出版社